思春期サバイバル2 Q&A編

10代のモヤモヤに答えてみた。

ここから探検隊 制作
kokokaratankentai

発行=はるか書房　発売=星雲社

はじめに

まず、なんで、この本を出そうと思ったか、という話。

うちらは一〇代から何年か、何十年か経って、
とりあえず大人になってみているところ。
これまで、うれしいことや、テンションあがることもあれば、
困ったことや、ムカつくことも、まぁそれなりにいろいろあって。

あー今、ヤバイかも
マジがまんできねぇわ
もう、わけわかんねー

って、なんでモヤモヤしてるのか、わからなかった。
友だちや家族、自分のこと、恋愛、将来のことにモヤモヤ。
無視してがまんしたら、凶暴化して爆発しちゃった。
友だちとめっちゃ語った。

一〇代終わってから言葉にできたこともあったよ。

誰にも言いたくないから、そっとしておいた。
結果、いろんな人に出会った。
違う方向から見られるようにもなった。
思ったより簡単に解決したこともあった。
もちろん、今でも考え中のこともある。

でね、時間が経ってわかったのは、
モヤモヤするって、けっこう大事だったな、ってこと。

あのとき決めたことは間違ってなかったな。
あの選択は大失敗だったな。
あれって人生の分かれ道だったのかな。

なんて振り返るのは、だいたいモヤモヤしてた時のことなんだもん。
だから、最近一〇代の人が話しているのを聞くと、
すごく大事なことが話題になっているなって思うんだー。
私たち、そのモヤモヤを大切にしたい。

それで、一〇代終わった私たちが、
「そういえば、こんなふうにモヤモヤと付き合ってきたよ」ってこと、

人生のアドバイス。そんなのウザイし、そもそもそんなことはできないよ。だって、答えはわからない。でも、経験くらいはシェアできるかな。

まとめてみようって、できたのがこの本。
タイトルどおり、一〇代のモヤモヤに答えてみた！
あなたがモヤモヤした時に、自分なりの答えを出しながら、一歩ずつ進んでいくためのエネルギーになれたらいいな。

〈こんな感じで使ってみてね〉

◎全部読み切らなくていいよ！　目次から気になるトピックを見つけたら、ぱらぱらめくって、開いてみてね。
◎一人でじっくり読むのもＯＫ！　二人で、みんなでワイワイ読むのもオススメ。一人の時とは違う何かがひらめくかも！
◎何にモヤモヤしているのか、いまいちまとまらない時には、1巻『思春期サバイバル——10代の時って考えることが多くなる気がするわけ。』も読んでみてね。
◎「何か力になりたいな〜」と思って、「悩んでることがあったら、なんでも話してね！」と言っても、相手からは「いや、大丈夫です（笑）」と遠慮されて、もうなんて声をかけていいかわからないという、あなた。あるいは、周りの人からモヤモヤ話をふられるけど反応に困っているみなさんも、きっと、その人を応援できるきっかけを見つけられるはず！

はじめに

第1章　からだ系

第2章　恋愛系

第3章　学校・友だち系

第4章　家族系

第5章　進路・社会系

あとがき

第1章

からだ系

Q
01
question

やせてる自分ってダセェ

僕は、小さいころから虚弱《きょじゃく》体質なのか、がんばって食べても太れません。体育祭では、クラスの騎馬戦や対抗リレーなどでも外され、男子からは「使えない」「もやし」などと言われ、女子からもまったく気にかけてもらえません。悲しい。最近、好きな女の子ができて、その子がぽっちゃり系の子です。ほっぺが「まんまる」なところがめっちゃタイプです。でも、彼女は最近ダイエットを始めているらしく、貧血を起こしては、よく保健室に運ばれています。僕は、マッチョなからだに鍛《きた》えて、彼女にふさわしい男になってから告白したいと思います。あぁ！

（中2・男子）

A
answer

太っているとか、やせているとか、なんなんでしょうね！　細い人は、別のところで活躍すればいいんだよ。騎馬戦やリレーなんて、しょせん体育祭の競技でしかないんだし。そんなの得意な人ががんばればいい。そんなんでいろいろ言ってくるヤツなんてスルーだね。自分の能力を把握していて得意分野で活躍できちゃう人のほうが、断然クールだよ！　見た目より中身！

食べても太らないのはうらやましいなあ。人って、ないものねだりですね。

ダイエットブーム、マッチョブームは、企業が仕掛けているんじゃないかな。

まず話してみたら？　鍛えてるあいだに、彼女に好きな人ができちゃうかもしれないし。案外「もやし」系のきみがタイプだったりして⁉　ちなみに私は「もやし」系が好き。白くて王子様みたいな男の子が理想。まだ出会ったことがないけど……。マッチョは好きじゃないなー。だって、筋肉＝モテるって考えている人って、けっこうナルシストって聞くよ。時間やお金の使い方も自分勝手で、恋人の都合とかあんまり聞いてくれない。友だちは、格闘技やってる彼氏とデート中に、酔っぱらいにからまれたんだって。彼が「俺は試合前の大事なからだだから」って、彼女のうしろに隠れたんだそう。たくましい人が、相手を守ってくれるとはかぎらないんだね。私は、優しい人がいい。

性格とかキャラクターに似合う体型ってあると思う。やせているのが「その人っぽい」人もいれば、体重があるほうが似合う人もいる。自分は頬骨《ほおぼね》が出ていて、あまりやせるとやつれて見えちゃう。だから、一般的な体重よりも少しあるほうが健康的に見えていいんだ。あと、筋肉をつける時も、細い筋肉をつけたほうが、首が太く見えない。そういうのが、いろいろ試しているうちにわかるようになった。筋肉も、似合う人と似合わない人がいると思う。筋肉つけると人相が変わるから、自分の性格と見た目に差が出てくることもあるし。だから全員がマッチョや、やせを目指すんじゃなくって、自分に似合うのがいいね。

Q 02
question

そろそろ食べないとヤバイ？

最近、ご飯をあまり食べていない。炭水化物は太るし、私太りやすいから。その甲斐《かい》あって、このあいだから一〇キロやせて、三〇キロ台。「もう少しちゃんと食べないと、からだがかわいそうよ」とか言われるけど、無理なもんは無理。きれいな人に言われても、あんたにはわからないと思うし、きれいじゃない人に言われても、あんたにはわかんないって思う。やせてるほうになったし、たまに意識がとぶ。そろそろ、さすがに食べようかなと思うけど、また太っちゃうかもしれない。それに、食べると吐いちゃう。

（高1・女子）

A
answer

プリン食べやすいよ！

意識とぶか。それは、けっこう大変な状況だね。炭水化物をあまりに取らないと、意識がとんだり、栄養が足りないと、考えることがネガティブになったりするんだって。運動量や生活スタイルにもよるけど、人は一日に二〇〇〇キロカロリーくらい取る必要があるみたい。からだの中身をつくってる時期でもあるしねぇ。どうしても食べる気しなかったら、いろんな色のものを食べてみたら楽しいかも！

二〇歳過ぎると勝手にやせてくこともあるみたいだから、今食べといたほうがいいらしいよ。

欧米の人の目には、日本人は子どもっぽく見えるっていう話を聞いたことがあります。太っていることを気にしていた友だちは、メキシコに行ってめっちゃモテたらしく、帰ってきたら別人のように自信満々でした。最近結婚した友だちは、インターネットでのやりとりで、相手を好きになったと言っていました。世の中は広いし、見方もいろいろ。今の外見で全然いいのかもしれません。美を求める気持ちってステキだと思うから、どうせなら、やせる以外の新しい自分磨《みが》きの方法を試してみるのもいいかもね。

「たった一つの大切な命でしょ」とか言われても、よけい辛くなる感じだよね。今のあなたは不安、緊張、気分の落ち込み、みたいなことを「からだにぶつけている」状況かもしれないね。「からだにぶつけている」表現が、食べること、やせることに出る人もいれば、毛を抜く、皮膚をかきむしるという行為に出る人もいる。一度、心療《しんりょう》内科や皮膚科などに行って、まずは今見えている症状、からだの部分をきちんと手当てするのはどう？　一つひとつ対処していくうちに、あとから振り返れば、これは解決したなって思うことが見つかるかもしれない。「そういえば、よく倒れてた」「爪かんでた」「耳たぶ引っ張ってた」そんな人たちも、「今はまったくしないなぁ」ってなるかもしれないから。

Q 03 question

自分って男なの？　女なの？

テレビで「性同一性障害」のことをやっているのを観てから、ときどき、自分が男なのか女なのか、わからなくなる。一人で考えていると、だんだん頭の中がこんがらがってくる。テレビでは女から男になった人が出ていたけど、その人の子どものころの話と、自分はすごく似てると思う。自分も、黒いランドセルがほしかったし、スカートが嫌いだったし、ハルカっていう女の名前よりも、カッコいい男の名前のほうがよかった。「かわいい」とか言われるとマジ吐きそうになる。これって、医者に行けば脳の性別を調べてくれたりするのかな？

（中1・性別混乱中）

A answer

世の中いつも男と女に分けられるし、自分ってどっちなのかな？　って思いはじめると、頭の中がこんがらがるよね。もっとシンプルに考えてみるのもいいんじゃないかな？　スカートよりもズボンが好きなら、なるべくズボンをはいたらいい。名前が好きじゃなかったら、カッコいい名前を自分につけて、ニックネームみたいに呼んでもらうのもいい。髪型だって、一日あれば美容院で変えられるよ。これって全部、病院に行かなくてもできるよ。自分が好きな自分を発見するために、いろいろ試してみようよ。

ハルカって名前の男の子もいるよ。

男でも女でも、そうでなくてもいいんじゃない？　感じ方、考え方に個人差があったり、それが時とともに変わったりするのは楽しいことだと思うよ!!

「自分の性別は何だろう」と考えるのって、つきつめれば、「自分は何者なんだろう」って問いにぶつかる。でも、その問いは、人類が太古の昔からず〜〜〜っと考えてきた壮大なテーマの一つなんだもの。いろんな哲学者が、あぁでもない、こうでもないと議論をしてきたような問いだから、そう簡単に「自分は何者なんだろう……これだ！！！」とは、答えが見つからないはず。

ほかの人や機械があなたの性別を判定してくれるわけじゃないけど、話を聞いてくれるところはあるよ。カウンセリングとか病院とか。ちゃんと聞いてくれる人に話すことで、だんだんと自分が考えていることや感じていることが整理できたりするよね。テレビで観たような「性同一性障害」の人と話したら、経験談を聞けるかも。

その結果、自分は「男」だ（または「女」だ）ということで自分のなかで落ち着くかもしれないし、もしかしたら「男とも女とも思わない」というところで落ち着くかもしれない。自分がいちばんしっくりくるところを、いろんな人の助けを借りながら、じっくりモヤモヤ考えてみてもいいと思うんだ。

Q 04 question

友だちがさわってくるのがイヤ

このあいだ友だち数人で遊んでいる時に、ふざけて叩かれたのがとても痛かった。「痛いよ！」って、とっさに言ったけど、そのせいで集団のなかで空気の読めない人になっちゃった。その子は特に、かげんを考えずにふざけて叩いてくる。あと、よくくすぐってきたり、胸をさわってくるみたいなこともイヤだ。女同士だから遠慮がないのかも。でも、しらけた空気にならないように、ガマンしてる。やられたらやり返せばいい、と言われたこともあるけど、くすぐり返したり、叩き返したりするのも、なんかヤだ。そもそも自分は人にからだをさわられるとか、人のからだをさわるとかいうのが、あまり好きでないほうみたいです。

（中3・女子）

A answer

「痛いよ」って、とっさによく出たね。気にしすぎとか言われても、イヤなものはイヤ！　はっきり言えてよかったよー。でもさ、自分だけ違う気持ちになると居づらいよね。みんなマックに行きたい時の、マックアレルギーの私……。空気読めないよ！

ふざけて友だちの髪の毛をクシャクシャとさわったら、「毎朝、セットにどんだけ時間かかると思ってるんだ!!」と怒られた。そんなに気にしてるとは知らなかった。

まずは「痛いからイヤ」って言って、相手の反応を見てから考えたら？

それは、はっきりイヤだとわかってもらうしかないかもね。「自分そういうの、あんま好きじゃないから」って、ちゃんと伝えてみよう。「けっこうイヤなんだけど」「毎回場を凍らせるようでヤだけど、痛いのがイヤだから、やめてほしい」「わー！　はなれて!!」何個かバリエーションを用意しておいて、やってきたらそのつど伝えるのも手だよね。「これはまじめな話なんだぞ」ということを効果的に印象づけるために、まじめな顔で怒ったフリをしてみるのもいいと思う。相手は案外、何も考えていなくて、怒られたら「マジごめん」って反省するかもしれない。人によって、さわっていいところ・ダメなところ、ＯＫなさわり方・ダメなさわり方って、けっこう違うんだよねー。

そのタイミングで言うのって、かなり瞬発力いる。二人になった時に、「さっきの、真剣にイヤだから、もうしないで」と伝えるのも効果がありそう。友だちみんなで何気なく話題にしてみるって、どう？「自分、からださわられるのマジ無理なんだよねー、友だちとかでも。なんかイヤじゃない？　痛い時もあるし、ちょっとふれちゃった時こっぱずかしかったり。どんなに仲良くても、マジ無理。おまえは？」って。自分で本人に言うのってなかなか難しいし、わかってくれる友だちがいたら、友だちから言ってもらうのもいいよ。

Q 05
question

A
answer

みんなとお風呂に入らない方法ってある?

また合宿の季節がやってきた……。みんなと一緒にお風呂に入るのがイヤで、今からユウウツ。どうして日本って、ほかの人と裸の見せあいっこをしなくちゃいけない文化なの? 去年も全速力で着替えて、髪の毛と脇の下と股間《こかん》だけ洗って、お湯にもつからずに猛ダッシュで出てきた。お風呂って恥ずかしい。ありえない。もう全員、ホテルの部屋によくついているような個室のシャワーでいいのに。みんなの裸を見るのも、自分の裸を見られるのもイヤ。どうしたらいい?

(中2・男子)

部屋についているような個室のシャワーを使わせてもらえないかとか、時間をずらして入れないかとか、先生や部活のコーチに交渉してみる価値はあるかもしれないよ。でさ、みんなと一緒に入りたくない理由も、別に言わなくたっていいと思う。「どうしても理由があって!」とか、「からだに関わることだし、詳しくは言えないんですけどぉ……」みたいな感じにボカしてもいいと思う。

たとえば温泉とか銭湯みたいに「全然知らない人」と一緒に入るのは、まだなんとか妥協《だきょう》できる気がするんだけど、クラスのみんなと入るのは、なんだか近すぎてイヤかも。だって「知っている人」だし、これからも顔合わせていく人でしょ。

意味はあんまりないんだけど、みんなでお風呂入る時、つい人のからだを見ちゃいます。ごめんなさい……。

同じ考えの友だちと「早く入って早く出る」っていうのをやったら、恥ずかしさが楽しさに変わった!!

胸が大きいとか、チンコがでかいとか、やたら比較するヤツとかもいるじゃない？ そういう話題を考えるだけでも、耐えがたいよねー。かといって、バスタオル巻いていると、「あいつ気どっている」とか思われるし、ひどい時には「タオルとれよ！」みたいに言われて、逆に注目を集めちゃう。あー、もう泣きたくなるね～。お風呂ってリラックスするところなのに、こんなんじゃリラックスもなにもない。「裸の付き合いは日本の文化」とか言う人いるけど、他人に自分の裸を見せなくちゃいけない（ほぼ強制）みたいな風習、継承《けいしょう》したくないんですけど。

一日二日ぐらいなら、フェイスペーパーやボディペーパーでふくだけでもいいかも。もし、どうしてもみんなで入らなくちゃいけない場合になったら、工夫するしかないよねー。なるべく、シャンプーとかリンスとか使うものは一つの袋にまとめておく。みんなが入りはじめるまで、トイレとかに行って時間を見計らう。みんなが入りはじめたら、まぎれて入る。みんなが出る前に出てみるとか、作戦を立ててみたりして……。このあいだ行ったところは、一つだけヘンなところにシャワーが置いてあって、みんなからは見えない場所で、なんだか助かった。そういう穴場スポットがあると、まだマシかもね！

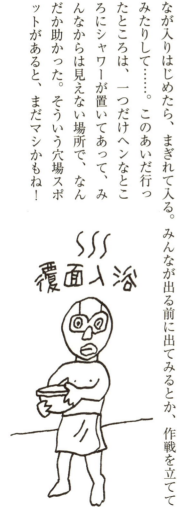

Q 06
question

A
answer

眠れない……

夜、眠れなくって辛い。最初は市販薬を飲んでいたけど、それも効かなくなったので、今はお医者さんに出してもらった薬を飲んでいます。一度にけっこうたくさん出してくれる病院を利用しています。袋には一回一錠ってあるけど、たまに効かないとたくさん飲みます。すると、寝すぎてしまったり、起きた時に今まで何していたかわからなかったりしています。薬を飲んだかどうかもわからなくなって、また飲んじゃうことも。このあいだは、目が覚めたら知らない場所にいて、怖かった。でも、眠れないのは辛いです。

（高2・男子）

眠れないと、やっぱり辛いし、生活しづらいよね～。「睡眠は人生の半分」と言われるくらいだから、眠れるためのいい方法が見つかるといいね。薬以外にも、いろんな方法があるみたいだよ。自分に合うやり方を試してみるのもいいかも。あと、無理に眠ろうとすると、逆に眠れないこともあるかもよ。「寝られる時に寝て、起きられたら起きる」、「夜寝られなくて、学校に行ったけど体調が悪くなるようだったら、保健室に行く」くらいに、気楽にかまえたほうが眠りやすくなるかも？

僕、いつでもすぐに眠くなっちゃうから、ちょっとうらやましい。だって起きてたら、いろんなことできるじゃん！

諸説あるし、人によるけどねー。

不眠のギネス記録は二六六時間!!　でも、あまりに人体に害をおよぼすことだから、ギネスブックからは項目が削除されてるんだって。

たくさん薬を飲んだからといって効くわけじゃない、ということには気づいたよね。その薬が自分に合っていない可能性もあります。一度にあまりにもたくさんの薬を出すお医者さんは、ちょっと危ないかも。今の状況を正直に話してみるとか、病院を変えてみるとかして、信じられるお医者さんを探しましょう！

〈眠りやすくなる方法〉

◎横になる時間を毎日決めておく
◎安眠・リラックス用のＢＧＭを流す（レンタルＣＤ屋やＹｏｕ Ｔｕｂｅにある）
◎アロマをたく
◎枕をしない／する
◎寝る前にお風呂に入る
◎眠る時間にお腹がすかないぐらい食べておく
◎温かいミルクを飲む
◎ベッドに入って教科書とか難しい本を読む

〈逆に、眠りにくくなる方法〉

◎寝る前にケータイをいじる（ブルーライトが目に！）
◎寝る前にゲームやテレビを観る
◎コーヒー、お茶、栄養ドリンクを飲む
◎ホラー小説を読む

column

薬の依存・乱用

「薬をたくさん飲んでしまう」という「依存症」があります。「依存症」では、薬をたくさん飲むことで最初のうちは眠れる、気分が落ち込まない等、薬の効果が得られますが、徐々に効かなくなり、服用量がどんどん増していきます。そうすると、からだへのダメージが大きくなります。あるいは、思いがけず気持ちがハイになり、「高いところから飛ぶことができる」「素早く逃げることができる」「相手を倒すことができる」といった妄想・幻想が起きたり、聴覚・触覚・知覚などの感覚がマヒして危険を予測できなくなったりすることもあります。眠りながら嘔吐《おうと》して、気管支をつまらせてしまうこともあります。非常に危険です。

「前回はこれくらい飲んでも大丈夫だったから」という量であったとしても、その時々の体調（体重が減っている、風邪をひいている等）により、作用・副作用は変化します。眠るため、気分をよくするための道具として薬を使っているはずが、いつの間にか薬にコントロールされて、身動きがとれなくなる状況に陥ってしまうことがあります。こうなると、医療機関や周囲の人に状況を話し、助けてもらわないと、個人の意思や努力では薬の乱用を止めることができません。

Q 07
question

リストカット、ダメですか？

いつも筆箱の中にカッターを入れるようになった。うちにとっては、いざという時のお守り。中1に初めてリスカした時は、すごく怖かったけど、すぐに慣れた。夏に半袖を着られないのはちょっと不便だけど、気持ちがスカッとするし、誰にも迷惑をかけてない。ただ、最近はちょっと回数が多いかも。以前は試験勉強前とか、イヤなことがあった時に切ってたけど、このごろは、何もなくても切っている。深く切りすぎて制服に血がついちゃった時には、ママに「これって何？　傷を見せなさい」って怪しまれちゃった。リストカットじゃ死なないと思うし、別にいいと思うんだけど……。

（中3・女子）

A
answer

リストカットって、はたから見ていると血が出て痛そうだけど、やっている本人にとっては気持ちがスッキリしたり、前向きになれたりすることでもあるわけなんだよね。

とはいえ、やっぱり心配！　最近の研究では、「リストカットは、だんだん効かなくなる」ことがわかってきたらしい。どういうことかと言うと、最初のうちは少し切った程度でスッキリしていたのが、そのうちたくさん切らないと気がすまなくなったり、ひかれるのもイヤだけど、無視されるのもイヤだよね。

傷口は、友だちやちょっとした知り合いには見せないほうがいいよ。流行《はや》ることもあるらしいから。

服では隠れない場所もどんどん切るようになったりするんだって。さらに、リストカットだけじゃなくて、睡眠薬をたくさん飲みたい衝動に駆られたり、もっと危ないことがしたくなったりする。そうやってエスカレートしていくのが、実はリストカットの怖いところで、「生きるために」切っているつもりでも、気がついたら死んじゃう一歩手前まで進んじゃうこともあるんだよ。だから、「リストカットぐらいじゃ大丈夫」とは言い切れないな〜。

自分のために何かをするのは勇気がいる！　今すぐ、今日から一生やめようと思うのは大変かも。でも、傷口は放っておくんじゃなくて、きちんと消毒をするとか。切るのをやめようって一〇〇％思えていなくてもいいから、信頼できそうな人に話してみるとか。お説教したり、言いふらしたりしない人、周りに一人か二人くらい見つからないかな？　ちょっと考えてみて。

いちばん自分を傷つけることは、切ることじゃなくて、自分が辛いってことを「なかったこと」にしてしまうこと。切りたいなって思う時、本当は辛いことがあったんじゃない？　自分の気持ち（うれしいとか、辛いとか）をもう少し言葉にしていければ、別の方向へと意識が変わっていくかもよ。

あなたは、これまでよくがんばってきたよ。そう言われても、ひょっとしたらピンとこないかもしれない。なんだかバツが悪いかもしれない。ムズムズするかもしれない。でも、きっとほんとだよ。

Q 08

question

クスリ誘われたっぽい（汗）

親友のタクヤが、さっき「『草』やったんだけど、マジはんぱねぇ。こんどお前も一緒に遊ぶ時、持ってきてやるよ！」って言ってた。「草」って、何？　ひょっとして、最近よく聞く「危険ドラッグ」とかのことかな。自分、愛想笑いしちゃったけど、次に遊ぶ時、タクヤが何か持ってくるってこと!?　自分はそういうの興味ないし、怖いし、なんかヤだ。でも、タクヤとは今までずっと仲いいし、こんど遊ぶ時に「草」持ってきたら、付き合い程度にやらないといけないのかな。覚せい剤をやっているってウワサのアツシは、昔はみんなでつるんでたけど、消息不明。こういうことで、友だちの関係って崩れちゃうのかな？

（16歳・無職・男子）

A

answer

友だちは誰からもらったんだろ？

「草」が何かはわからないけど、何かがわからないものをからだに入れるって怖いよね。からだにどんな影響があるかもわからないものが、いろいろ開発されてるっぽい。命に関わってくるものかもしれない。麻薬は、一回でもやってしまったら、もう後戻りができないことも多いんだ。禁断症状といって、そのクスリなしでいることが耐えられないくらいになったり、クスリを買うお金を手に入れるため犯罪に手を染めたりする人もいるくらい。

そういうことを誘ってくる友だちなら、もう関係切ってもよくない？

「付き合い程度」って断りづらいってこと？　タクヤとの友だち関係が崩れるのが心配なんだよね。じゃあ、こんなふうに言うのはどうかな？

〈友だちや先輩に薬物をすすめられた時の断り方二〇選〉

「ちょっとこれやってみない？」↓

・やめなよ、危ないよ。
・それよりカラオケいきたい。
・おなか痛くなってきたから帰る。
・このあと予定があるんだよね。
・持病があって、からだに入れると命の危険がある。
・お薬飲む前に、ご飯食べなきゃ。
・それやったらモテませんよ。
・兄が薬物で捕まっている。
・今日の出来事は全部ママに報告しなきゃ（マザコンのフリして）。
・こう見えても、うち貧乏で、お金なくて買えません。
・怖いんだ、すまん。
・ヤだ。
・アレルギー体質だからダメ。
・かかりつけの医者に、飲んだ薬報告しなきゃ。

・錠剤、粉薬、煙、ダメなんです。
・お父さんが警察で、将来警察官になりたいんです。
・先輩、一緒に自首しましょうよ。
・ホンモノだぁ、写メ友だちに送っていいですか。
・俺、タクヤの親友だと思ってるから言うけど、そんなのヤメな。よくないってことはわかってるだろ。
・お薬手帳に書いておかなきゃ。

もうクスリを使ってしまっている人は、自分一人だけの意思ではやめられないことが多いから、相談機関に話をしてみるといいよ。薬物依存症者の回復を支える団体としては、全国にダルク（ＤＡＲＣ）やナルコティクス・アノニマス（ＮＡ）などのサポート団体の支部がある。「ダルク」や「ＮＡ」と入れて検索すると、住んでいる地域の近くの団体が見つかるはずだ！

ナルコティクス・アノニマス日本公式サイト　http://najapan.org/top.html

Q 09 question

A answer

生理がこない人もいるよ。

生理がまだこないんです

中学三年生になったのに、生理がまだこないんです。周りの子に聞いたら、「小学五年生の時にきた」とか、遅い子でも「中学一年生できた」とかで、私だけがこんなに遅いみたいで心配です。周りの子は胸も大きくなっているけど、私はほとんど変化がないし、この状態で大丈夫なんでしょうか。お母さんは、日ごろからすごく厳しくて、弟がエッチな話とかすると、すごく怒るんです。だから、生理がこなくても大丈夫なのか、なんとなく聞けません……。

（中3・女子）

生理のことは大人になるための成長についての話だから、エッチな話じゃないはず。もしお母さんがダメそうなら、保健体育の先生か、保健室の先生か、よく行っている病院の先生とかで、話しやすい人いないかな。あとは健康診断の時に尋《たず》ねてみるとか。からだの変化がくる時期は人それぞれではあるけど、今の自分のからだの状態は知っておきたいところ。

中学生で月経が始まっていなくても、あせる必要ないよ。でも、一六歳くらいでまだ始まらなかったら、いちど婦人科で診察を受けてみて。最初は行くの怖いかもしれないけど、行ってみたら理由がわかったり、体調が改善することもあるみ

逆に、生理が小3できて早すぎ⁉　って悩んだ……。

私は月経痛がひどかったから、お母さんに相談して低用量ピルを処方してもらったよ。

たいだよ。

からだの変化を友だちと比較すると、なんだかあせったり、コンプレックスを感じたりすることもあるよね。「胸が大きい／小さい」、「声変わりした／しない」、「背が高い／低い」とか、いろいろある。時間がたてば気にならなくなることもあれば、ずっと気になることもある。

一口メモ

生理の悩みもそれぞれ

初経（初めての月経）がまだこない以外にも、「月経がだらだら続く」「くる時期が不定期でバラバラ」「血の量が多い／少ない」「月経になると、おなかが痛い」「月経の前に気分が落ち込む、イライラする」とかね……。思春期は卵巣機能が未成熟なので、月経のリズムは比較的不安定。でも、だいたい最初の月経から３～５年くらいかけて、ゆっくり周期が安定していくんだ。ほかの人と比較することないし、あまり心配しすぎないで大丈夫だよ。もし、すごくおなかが痛くて大変とか、毎回血があまりに多く出すぎて困ってしまうことがあったら、相談できるお医者さんを見つけることをオススメするよ。

Q 10
question

エロいことに興味がないのって、ヘン？

僕は今まで、オナニーとかマスターベーションとか、したことがありません。それって、どんなことかはだいたい知っているけど、ちんちんはさわってはいけないって思ってしまいます。友だちが学校でエロい話をしているのも、なんだかイヤです。エロ雑誌とか押しつけられると、気持ち悪いって思ってしまいます。そんな僕を、友だちは「お前おかしいよ」って言います。エロいことに興味がないのって、ヘンですか？

（中2・男子）

A
answer

Aセクシュアルっていうネーミングもあるみたい。

性的なこと、エロいことに関心がないって人もいるから、大丈夫だよ！「男なら、みんなエロ雑誌が好きだろ?」とか「人間はみんなエロいことが好きなんだよ」とか、そういうことを言う人いるけど、それはウソ。だって、エロに興味ない人、本当にいるもん。エロ雑誌やアダルトビデオを見ない男だって、たくさんいる。恋愛やセックスにまったく興味がなかったり、恋愛には興味があるけど、エッチなことは好きじゃないって人もいるみたい。したくないことはしなくていいし、人生のなかで、ほかに楽しいこともたくさんあるよ。おかしいとか、おかしくないって話ではないよ。

女の子でも同じように悩んでる子がいるよー。

俺はエロに関心ありすぎて困ってるから、逆にうらやましいよ。俺が一日四回のマスターベーションに費やしてる時間に、お前、いろんなことできるじゃん。

エロいのが好きか嫌いかはさておき、ちんちんはさわってもいいんじゃないかな。自分のからだだしね。シャワーの時とか、ちゃんと洗って清潔にしよう。
あと、自分の部屋とか、ちゃんと一人になれるところ（プライベート空間）でやるマスターベーションは、悪いことじゃないよ。自分自身で性欲を解消するための、気持ちよくて健康的な行為だもん。エロいことに興味がないみたいだから、ひょっとしたらマスターベーションにも興味がそもそもないかもしれないけど、したくなったらしてもいいし、それはいけないことではないっていうのは覚えておいて。

マスターベーションをする時は、手の親指と人差し指でわっかをつくり、ほかの指をペニスに添わせるように握って、上下に振動させる方法がいいらしい。
座布団やベッドにこすりつけたり、硬いところに押しつけたりする方法は刺激が強すぎて、ペニスに傷がついたり、セックスの時にうまく射精できなくなることもあるから気をつけよう。

Q 11 question

A answer

整形したい！　でも怖い……

目を二重《ふたえ》に整形したい。私、不器用だからアイプチうまくできない。雑誌見ても二重の子ばっかりだから、メイクのやり方とか載っていても、いつも参考にならないし。くっきりした目にしたい！　整形手術って、あれこれ言われるけど、本人が満足するんなら、別にいいんじゃない？　でも、この前テレビを観ていたら、何回も手術を繰り返している「整形依存症」の人が出てきたんだ。顔がパンパンになったって言っていた。そういうの見ると、やめといたほうがいいのか、迷うよね……。（高1・女子）

整形手術は成功することもあれば、失敗して思ったとおりにならないこともあるし、お金もかかるよね。中高生だと、まだまだからだは成長期。あわてないで、からだの成長や変化を待ってみるのはどうかな？　顔の骨格や歯並び、脂肪のつき方が変わっていくなかで、まぶたの形が一重《ひとえ》から二重に、自然になる人もいるみたい。それに、顔の雰囲気も変わっていくから、イメージしていたのとは違う感じで、自分の顔のよいところを見つけられるようになるかもしれない。

海外で活躍する日本人モデルは一重多いよね。クール・ビューティだよ。二一世紀前半のニッポンが、二重のよさばかりに注目しているだけで、時代や住ん

三〇代になって、二重だったのが三重になってた人もいる！　残念⁉

この「自分のからだで気になるところ」ランキング、男子は「第一位　身長、第二位　太っている／やせている、第三位　肌のトラブル」だそうな。

流行にのってた時の過去の自分の写真、恥ずかしい。

でいるところの流行みたいなものもあるんだろうね。人それぞれ好みがあるので、生まれ持ったものを生かせれば「エコ」だけどね。

中学生に「自分のからだで気になるところ」ランキングをとったら、女子では「第一位　脚の太さ、第二位　肌のトラブル、第三位　腕の太さ」で、その次に「目の大きさ」がくるんだって。脚や腕は、がんばればある程度は細くできるし、肌だって手入れのしようはあるけど、「目の大きさ」ばかりは、どうしようもないよね。というわけで、二重まぶた形成のための粘着材やテープなどの商品、世の中にあふれる「二重っぽく見せるための匠《たくみ》の技」情報（通称〝メザイク〟）などに、おしゃれに悩める全国の中高生が情熱を注いでいるというわけ。

でも、二重がいいって誰が言いはじめたの？……流行《はや》りもつくってる人がいるらしい。流行りにのっても楽しいけど、惑わされずに自分に合うものを見つけるようなファッションの楽しみ方もあるよ！

Q 12
question

A
answer

銭湯に行って見てきな!!

包茎って手術したほうがいいですよね？

恥ずかしい話ですが、僕はチンコが勃《た》ってても皮をかぶったままです。一応、手でむくことはできます。いわゆる仮性包茎《かせいほうけい》ってやつだと思います。ネットで調べたら、手でむけるなら大丈夫とか、むいて清潔にしろって書いてあったので、風呂に入った時にはきれいに洗ってます。でも、やっぱり包茎だとモテないとも書いてあって、僕はそれがいちばん心配です。包茎だと女の人に嫌われちゃうかもしれないし、むけていたほうがセックスも気持ちがいいって聞いたこともあります。やっぱり包茎手術を受けたほうがいいんでしょうか？　いくらぐらいかかるんでしょうか？　手術の広告とか見てもよくわかりません。

（高3・男子）

「包茎だとモテない」なんて迷信！　それが本当だったら、多くの男たちはモテないことになっちゃうよ。日本人の八割は仮性包茎と言われているんだもん。そんなこと心配しているんだったら、たくさんの話題で楽しめるようにいろいろな本を読んだり、料理を勉強したりするほうがモテるよ！　もし包茎だということで嫌われるようだったら、こっちからフッてやりましょう。そんなペニスだけで人を判断するような人と付き合ってはいけません！

ちなみに、「包茎の人のほうが好き！」という包茎フェチの人もいます。世話のやける感じが愛しいそうです。

「包茎だとセックスが気持ちよくない」とかって、たまに聞くけど、セックスの感度は包皮の状態とは関係ない。ちんちんの大きさも、曲がり具合も、セックスの上手・下手とは関係ない！　ちんちん使わなくたってセックスはできるんだぞ！　あ、でも、清潔にしておくことは大事だから、お風呂に入ったら包皮を無理のない範囲でめくって、きれいに洗おうね。

もしどうしても気になるようだったら、泌尿器《ひにょうき》科の医師に診てもらおう。手術の金額は約一〇万円から一〇〇万円と、その内容によってだいぶ変わってくる。包茎のなかでも、ペニスが勃起した時に包皮の口が狭くて亀頭《きとう》がうっ血したり、痛みがあったりする場合（いわゆる「真性包茎」）には、治療に保険が適用されて、比較的安くすむんだけど、そうじゃない場合（いわゆる「仮性包茎」）には、医学的には手術する必要がないので、保険が使えずに「全額自己負担」で高くつく。あと、よくわからないまま手術をすると、不必要なオプションをつけられ、知らない間に高額の費用がかかってしまうこともある。もし手術をするとしても、事前に情報をきちんと調べて、気をつけよう！

Q 13
question

後輩の妊娠が心配

後輩と仲がよくて、よく恋愛の話をします。後輩と彼氏はいつも仲がいいみたいです。最近、後輩はよく生理が遅れていて、そのたびに妊娠の心配をしています。妊娠するのがイヤだって彼氏にも言うけど、あんまり聞いてくれないと言っています。コンドームも彼氏は持ってなくて、後輩が買うそうです。ときどき付けないですることもあるみたい。私も後輩がすごく心配なんですが、どうしたらいいでしょうか。

(高3・女子)

A
answer

コンドームしないでセックスしたら、妊娠するかもしれないもんね。妊娠したら、産むにも中絶にもお金がかかるし、産婦人科にも行かなきゃいけない、親にも何て言うか、いろいろ考えちゃうよね。妊娠検査薬は普通のドラッグストアに一〇〇〇円くらいで売ってるから、まず妊娠してるかどうかチェックしてみよう。それにしても、これからもそんな不安が続くのはイヤだよねぇ。もしかして、後輩はセックスしたくなかったりして。第2章のQ11にも書いてあるけど、無理してしなくていいんだからね!

男として、女を守るためにちゃんと付けようと思ってる。

中絶をきっかけに別れてしまうカップルも、けっこういるよー。

コンドームは、12／1世界エイズデーや成人式とかのイベントで、街に行けば配っているかも。

彼氏、もしかして避妊の〝都市伝説〟を信じちゃってるのかも⁉ セックスの後で、膣《ちつ》をコーラで洗う、うさぎとびする……？ でも、それは×。また、膣外《ちつがい》射精《しゃせい》（外だし）という方法も、射精する前に出る液体（先走り液）に精子が含まれていて、妊娠することもある。毎月の排卵のタイミングはその時の体調などによって変わるから、「安全日」も実はないんだよ。まずは、あなたと後輩の二人が避妊方法を知っておこう。

普段の会話で、「保健体育で妊娠の話されたんだよね」と言いながら、コンドームの話をしてみる。コンドーム付けたくないと言われる前に、「持ってるよー♥」と言って、封を切ってしまう。記念日にコンドームをプレゼントする……等々。彼女からも、いろんな言いだし方があるよね。後輩と後輩の彼氏を含めて何人か一緒にいる機会があれば、その時にコンドームの話題を出してみるのもいいかも。二人の問題だけど、二人で解決しづらいことってあるもんね。

「かぶれてしまう」「付けると痛い」など体質的にコンドームが合わない場合、二人に合う方法を探そう。いろんなサイズ、ゴム製じゃないコンドーム等、さまざまな商品があるんだ。水溶性のジェル（ローション）を使ったら、痛みが改善した人もいるよ。ドラッグストアやネットで買えるよ。

「症状があるんです」（かゆい、いつもと違う、等）という場合
→保険適用
「検査したいんです」という場合
→保険適用されない

column

性感染症の知識と対処法

●性感染症にも気をつけて！

コンドームをしないセックスは妊娠だけじゃなく、性感染症《かんせんしょう》（セックスでうつる病気）のリスクも気になるところ。他人の体液の中にいる性感染症の病原体が、粘膜があるところ（口や性器、肛門、傷口等）から自分のからだに感染してしまう病気です。口を使うセックスでも、膣やペニス、肛門を使う場合でも、コンドームを使わないと感染のリスクが上がるんだ。それだけでなく、カミソリ、歯ブラシ、ピアスの穴あけ、入れ墨を入れる器具などを他の人と一緒に使うのも危ないから、やめたほうがいいね。他人の体液になるべく触れないように注意して過ごそう。

性感染症は、症状が出て「なんだかおかしい」と気がつくこともあるけど、自覚症状がないままに、相手に感染させてしまうことも多いんだ。薬で治せるものが多いし、気になることがあったらお医者さんに診てもらおう！

●保健所や病院で検査はできる！

病院で性感染症の検査をする時は、基本的には保険証とお金が必要。でも、保健所の検査は無料・匿名《とくめい》（名前を言わなくてもいい）でできる！　保健所の検査は予約制で、だいたい毎月やっていて一回一時間程度、結果がわかる一～二週間後にまた保健所に行くスタイル（即日で結果がわかるものもある）。検査の結果を電話や手紙で知るより、お医者さんから直接聞いたほうが、陽性（感染している）だった時に、この後どうしたらいいか相談できるよ。保険証もいらないので、家族に説明せずに検査できるのは魅力的。いつ、どの性感染症の検査ができるかは、保健所のHPを見るか、電話して聞いてみよう。

検査してみて、損になることはない!!

●こんな時どうする？

①「性器の周りがかゆい、痛い、腫《は》れている、イボができた、おりものがいつもと違う」

↓ひとまず、気になることがあったらお医者さんに相談してみよう！　なんでもないかもしれないし、治療して治るものかもしれない。今何かできることがあるかもしれないから、状態が早めにわかったほうがいいよね。だって、もし原因が性感染症だった場合は、放っておくとおなかの中で炎症が起きたり、妊娠しにくくなったりすることもあるし。

②「症状はないけど、コンドームなしでセックスすることがあるので性病が不安」

↓症状がないけど性感染症にかかっていることもあるよ。安心のために、感染しているかどうか検査してみよう。

③「ちゃんとしたコンドームの付け方がわからん」

↓「コンドームの正しい付け方」って動画がウェブにあがっているから、調べてみよう。誤解されやすいポイントは、射精の時だけではなくペニスが勃起したらすぐに付けないとダメ、コンドームの二枚重ねは絶対ダメ（逆に破れやすくなるよ）、ハンドクリームなどをジェル代わりにしちゃダメ、ってとこかな。ゴミの分別は住んでるところの方法に従ってね（笑）。

④「自分の付き合ってる人も性病っぽい」

↓二人で治療をして！　治療が二人とも終わるまでは、おたがい粘膜の接触を避けてね。そうしないと、片方が治っても、まだ治ってないほうにうつして、またうつして……エンドレスになっちゃう。

第2章

恋愛系

Q
01
question

どこからが好きなの？

小学校のころから、ずっと好きな男の子がいたし、バレンタインのチョコとかもつくったりしたけど、ノブは彼氏とはちょっと違うと思う。家族も公認で、遊びに行ったり勉強したり、趣味の話とかも合うから学校のなかの男ではいちばん好きなんだけど、恋とか愛とかという段階ではないと思う。ノブには悪いけど、もっと本気で好きな人がほしい。でも、ノブがほかの女子のことを好きって言うのは許せない。好きって、いったいどこからなんだろう。恋とか、リア充とか、そんな段階に行ってみたい。キスとかも夢見るけど、アイツは出てこないんだよね。どこからを好きっていうのかなぁ。

（中1・女子）

A
answer

そうそう。妄想と現実はなかなか一致しないよねー。実際、「好き」とか「いいな」って思う気持ちのなかにも、いろんなジャンルがあるし。

一緒にいて楽しい人

キスしたい人

一緒に映画を観たい人

今何してるのかな〜って考えちゃう人

手をつなぎたい人

顔が好きな人

悩め悩め悩め悩め！嫉妬。独占欲。愛とは何だ‼ とにかく悩め！一人で、二人で、みんなで。

あせらなくてもいいんじゃない？　きっと、自然と「これが恋なのかも……」って気づく時がくるよ。

声が好きな人

一緒にご飯を食べたい人

また会いたいなって思う人

話が盛り上がる人

安心できる人

おしゃれでステキだなぁと思う人

セックスしたい人

「一緒にいて楽しい人」と「キスしたい人」が同一人物であることもあれば、そうじゃないこともある。おしゃれでステキだなぁ……と、こちらがうっとりしてしまうくらいなのに、メールのやりとりをしてみたら信じられないくらい楽しくなかった‼ なんてこともある（笑）。顔はすっごくステキなのに、性格が絶望的に合わないだとか。

　この「好き」「いいな」の要素を、一人の人間が全部そなえ持っていることは、あんまりない。だれかと付き合って、その恋人がすごくいい人だったとしても、意外と「音楽の趣味は合わないんだよな～」「もう少しおしゃれに気をつかってくれたらなぁ～」なんて、おたがいが思っているかもしれない。

ノブに対する「好き」は、「一緒にいて楽しい」とか「特別扱いしてほしい」みたいな部分はあるけど、キスとかロマンティックさとか、そういう要素からは若干外れているのかもね。でもね、たまに、全然顔はタイプじゃないけど、居心地《いごこち》がいいと思って好きになって結婚したっていう話も聞くよ。案外、ノブと結婚しちゃったりしてー。世の中ってわからないよね（笑）。

Q 02
question

のろけまくったら、彼女が口聞いてくれない

俺、学校で一番人気のメグのことが好きになり、ダメもとで告《こく》ったら、速攻オッケー出してくれた。一週間ぐらいは天国みたいな日々で、舞い上がっていたんだと思う。仲間や女友だちにも自慢しまくっていたのは確か。冷やかされるのもうれしかったし、「どこまでいったの」って聞くヤツにも、ウザイとは思いながらも、「キスまで」とかって話しちゃった。それをあるヤツがグループメッセージで流したらしく、メグにも伝わったみたい。「見損なった」「人として薄い」「顔も見たくない」とメールがきて、全然許してくれそうもない。俺がメッセージで回したわけじゃないから、なんか納得できない。メグにどうしたら許してもらえるんだろー。

（中3・男子）

A
answer

いやー、自慢したくなっちゃう時もあるよね。のろけたいよね。特に付き合ってる人が自分にとって（ほかの人にとっても？）いい人であればあるほど。「謝ったら許してくれないかなぁ？　二人の関係が元のように戻らないかな？」って期待をしながら謝りに行くようじゃ、相手にもその姿勢は見透《みす》かされちゃいそう。そういう期待を抜きにしても本当に申し訳ないなって思うんだったら、そのことを相手に伝えたらいいと思う。許してくれないかもしれないけどね……（汗）。

もしメグじゃなくても、彼女がいればいいということなら、メグに失礼！

これからは「人柄」のところで自慢したらどうかな？

たぶんメグは、二人で過ごしている時間を大切に思いたかったのに、彼女がいるっていうこと自体を自慢しまくるあなたの態度にがっかりして、自分が大切にされてないと感じたんじゃないかな。「彼女ができたことがうれしいんでしょ、あたしのことなんてどうでもいいんでしょ」って。もしメグとのことを大切に思っているのであれば、メグじゃなきゃダメだ！　って伝えよう。

自分たちの関係をどのように人に説明したいか、どのタイミングで言いたいかは、人それぞれあるものだと思う。ウザイとは思いながらも、付き合っていることがうれしくて、つい言っちゃったことが、メグにとっては言われたくないことだったんだろうね。今後は二人しか知らないことを他人に言う時には、ちゃんと相談したほうがいいよ。「どこまでいったの」って聞かれたら、「あそこの海までチャリで」とか答えちゃえ（笑）。友だちでもそうだろうけど、プライバシーってやつを大切にね！

Q 03 question

「ホンモノ」の同性愛だったら、どうしよう

今、学校に好きな女の子がいます。自分も女なので、言い出せません。告白して、同性が好きなのがバレて、さらにフラれるなんて耐えられないです。本当の話ができる人がほしくて周りを見渡すと、オネエっぽい友だちがいます。でも、彼が実際どんな恋愛をするのか、「ホンモノ」なのかはわかりません。そういう自分も、自分が「ホンモノ」なのか、思い込みなのか、よくわかりません。女の子じゃなくて男の子を好きになりたいけど、それって「ホンモノ」の人に失礼かな？

（高1・女子）

A answer

レズビアンの人が書いた本やブログにもいっぱいヒントがあるよ！

一人で悩むの、けっこう辛くない？　実際に女同士で付き合ってる人や、付き合ったことがある人に会って、そのことを話してみたらどうかな。自分の気持ちがもう少し見えるかもしれない。芸術作品でも「ホンモノ」に触れることが大事っていうし！　レズビアンの人も、雰囲気や性格、価値観はいろいろだから、何人かと会ってみるのがいいかも。各地でオフ会やイベントがあったりもするらしいから、情報収集しよう！

今はその子が好きなんでしょ？　告っちゃえば？　それか、告る前にその子にどんどん近づいて、仲良くなるのはどう？　めっちゃ近くなったら、あっちも

その気になるかもよ（笑）。逆に、やっぱり自分は違ったって気づくかもしれないし。

もしかしたら、いつか男の子を好きになるかもしれないし、ずっと女の子が好きなのかもしれない。先のことはわからないよね。「三七歳の時に異性が好きになって、五〇歳になってからやっぱり同性がいいと思いました」って人生を歩んでいる人もいる。いろんな可能性があるし、将来がどうなるかは「その時」になってみないとわからないこと。

「ホンモノ」かどうかより、自分が誰と、どんな関係を築いていきたいのかって気持ちを大切にしたいよね！

怖くなることもあるよね。自分が「ホンモノ」の同性愛者だったらどうしよう、イヤだなって思っちゃうのも無理はないよ。

だって、今の世の中、オネエキャラの人たちは人気があるけど、いつも「笑い」の対象になってるもん。自分っておかしいのかな、これからどうやって生きていったらいいのかなって悩むよね。でもね、そうやって悩む人ってけっこう多くいるから、安心して悩んでも大丈夫だよ。

Q 04
question

A
answer

男同士でパンケーキってダメ？

よく男二人で遊びます。街でよく、ゲイなんだと思われることがあります。このあいだ、二人でパンケーキ屋さんに行った時、店員さんが妙にニヤニヤしてこちらを見ていました。自分は気づかなかったのですが、相手が気づいて「もう出よう」って……。最近は全然、一緒に外で遊んでくれなくなりました。毎日電話したり、一緒にパフェとか食べに行ったりするのが楽しかったし、自分はそいつと遊べれば、ゲイでもゲイじゃなくても、何と思われてもいいんです。でも、相手がイヤがりすぎて、なんか辛いです。

（18歳・専門学校生・男子）

とっても仲がよくて、いつも一緒に遊んでいて楽しいのは、いい関係だと思うな。すごくステキじゃない。友だちのほうが、周りをかなり気にしているみたいだね。だったら、「人が多い駅」のお店に行ってみるのをオススメするわ。繁華街のスイーツショップ！　人が多ければ、男性同士でいても自然と目立たなくなるし。二人の居心地のいい場所、見つかるといいね。

今流行りの「スイーツ男子」ってことで、周りに許してもらえたらうれしいのですが。

すごく単純な言い方になっちゃうけど、「好きなものが好き」「一緒にいたい人と一緒にいる」それでいいじゃんね。人生のなかで、いちばん大事なことじゃん。ほかに何があるっていうの（笑）。ゲイだとかゲイじゃないだとか、恋人なのか友だちなのかとか……関係に「名前」をつけることでおたがいがスッキリするなら、「名前」をつけてもいいかもしれない。でも「名前」にこだわって、一緒にいる時間まで楽しめなくなっちゃうんだったら、絶対損！　そんなことに人生の大切な時間を邪魔させてしまうのは、もったいない。周りの目なんて気にしてないで、甘いもの食べに行きなさい！

その店員、なんだかゲイカップルをバカにしてる感じで腹立つねー。きみの「そいつと遊べれば、自分はゲイでも何でもいい」ってスタンスはステキ。まさにそのとおり。「なぁなぁ、また、パフェ食べに行こうよ。ってかさ、あんな店じゃなくて、こっちの店のパフェ食いに行こうよ。こっちはパンケーキもうまいらしいよ！　俺らが楽しければ、それでよくね？　あんな店員のバカな視線を気にして、俺らの楽しみ奪われるほうが悔しいじゃん」なーんて誘ってみたらどうかな……。カッコいいと思うよ！

Q 05 question

同性の恋人ができたのに、親がわかってくれない

ミユキと付き合ってから一年になる。あたしたちは塾で出会って、目があった瞬間、「これだ!」と思って恋に落ちた。ミユキは一歳上で、学校は違うんだけど、部活がない日に放課後に待ち合わせて遊ぶ。すごくカッコよくて優しい、自慢の彼女なの。でもこの前、付き合って半年記念のプリクラが親にバレちゃった。「同性愛なんて思春期の気の迷いだ」「マンガの読みすぎだ」ってパパに言われて、悔しくて泣いちゃった。うちらのこと何も知らないくせに……。ミユキに話したら、「でも、うちらが愛し合ってるのは真実でしょ?」だって。もう! こんなステキな彼女なのに、どうして信じてもらえないんだろう?

(中3・女子)

A answer

それは悔しいね。親の世代はまだ「同性愛」を「フツーじゃない」って思ってる人が多いんだ。学校で習ったこともないし、テレビでも過剰《かじょう》におもしろおかしく描かれているもんね。お父さんにも祝福してもらえたらとっても幸せだろうけど、まずは放っておいて、ミユキさんとの関係をそのまま大切に育てていってもいいんじゃないかなって思うの。それでもお父さんがしつこく何か言ってくるようだったら、「これで勉強して!」って「性の多様性」についての本などを渡してみてはどうかな。

保健室や図書館に「性の多様性」についての本があるかもよ！

一年だって長いよ！

思春期のひとときの気持ちだって、マンガの影響だって、別にいいじゃん。〝今の気持ち〟って大切だもんね。

ステキな彼女を紹介するのは、それからでもいいと思うんだ。お父さんもいきなりだとビックリしちゃうからね。

結婚して二五年で銀婚式、五〇年で金婚式とか、そういう人から見たら、一年なんてまだまだなのかもね。しかし、最近は五〇歳で離婚とか、そういう人も……。そんななかで、「うちらが愛し合ってる」って宣言できるカップルって、地球上で貴重な存在だと思う。応援します。

自分の頭の中では理解できないことを、なんでも「マンガのせい」「テレビやインターネットの影響」「多感な時期だから」で片づけようとする大人って残念！　中高生ってもっと賢いぞ！　パパこそ「テレビやインターネットの影響」受けてるんじゃないの!?

恋人ができると、毎日が楽しくて、勉強も部活もヤル気でちゃって、いろんなことがうまくいったりしちゃうよね（笑）。パパにとってみたら、かわいい娘を誰かにとられちゃったようで、認めたくないのかも。あなたはパパの持ち物じゃないのにね！　でも、毎日いきいきしてるあなたの姿を、そっと応援してくれてるかもね。ミユキちゃんとの関係も、パパとの関係も、ゆっくりゆっくり、ね。

Q
06
question

親友がリア充で、どんどんダサくなる……

親友だって思っていたミキに彼氏ができた。あの子とはいつもずーっと一緒だった。お墓まで一緒に入ろうねって約束していたけど、彼氏ができたとたん、チョー冷たくなった。そればかりか、私のケータイに彼氏との画像とかを平気で送ってくる。「カッコいいでしょ」って言ってくるから、「そだね」って答えてはいるけど、正直ミキとヤンキー系の彼氏は不釣り合いだと思う。毎回デートの話とかされると、ミキと会うのがめんどくさくなる。彼氏に買ってもらったっていうアクセサリーも痛くて見てらんない。でも、ちょっとでも彼氏に関する悪口を言おうものなら、「ひがんでんの」「男の子目線で見るとかわいいんだよ、こういうのが」「彼氏のセンスはその道ではカッコいいんだよ」と、聞く耳持たない感じ。どうしたらいいんだろう。

（中2・女子）

A
answer

うーん、自分はどっちかっていうと相手に染まっちゃうタイプだと自分で思ってるから、この相談は耳が痛い（苦笑）。特に恋愛初期だと、それが楽しくて楽しくて、相手が好きなものも好きだと思っちゃうんだよね。相手に合わせようなんて強く思ってるわけじゃないのにさ。内心、合わせたほうが嫌われないかも、なんて思ってるかもしれないんだけどね。友だちに何か言われても、自分はこれが楽しいんだ

よし、ミキはおいといて、ほかの子とも遊んでみよー！　自分も誰かと付き合ってみるとか？　ちょっと距離おくだけで、見えるものも変わったりするよ。

恋人がいても友だち大事にしたいよね！

から、これで幸せなんだから、放っておいてって思っちゃう。でもね、だんだん気づくんだ。無理してる自分に。本当は友だちに相談したいんだけど、いつの間にか距離をもたれていたことに、あとになってやっと気づくんだ。そんな時にはさ、やっと気づいたか、仕方ねーなって、苦笑しながらも友だちのことを受けとめてやってほしいな。勝手なお願いなんだけどさ（苦笑）。

親友に付き合っている人ができたりして、友だち関係が変わることってあるよね。私はそういう時、付き合っている人は今だけかもしれないけど、私はずっと友だちとしてそばにいるっていうことを自分で確認する。その後、親友が付き合ってる人と別れた時に、一緒にダサい指輪を川に捨てたり、元カレはやっぱりヤなヤツだった、別れて正解だ、と言ってオールでカラオケしたりするのも楽しかったな。自分の大事に思う友だちがヘンになることには不快感はあるけど、長い目で見て、一緒にいろいろ失敗したり励まし合えた友だちは、今でも続いているよ。

Q 07 question

A answer

「ケータイから男の名前を消せ」と言われた

彼氏ができた。ダンスチームで知り合った高校生。すごくカッコいいんだ。モテるタイプだと思うけど、会うたびに、私にマジ好きだって言ってくれる。優しいし、毎日ラブラブなメッセージくれるし、塾まで迎えにもきてくれる。ただ、一つだけ、愛されすぎって思ってしまうのは、彼すごくヤキモチやきで、ほかの男子と絶対しゃべるなって言うんだ。もちろん守っているよ。だって愛し合ってるし。ケータイの男子の名前も消してほしいって言うから、幼なじみの圭介のだけは許してってお願いしたら、彼氏が泣きはじめて、「気になって夜も眠れないから、俺のために消して」って。仕方なく消去したんだ。彼から愛されてるって思うと、まぁ何でもガマンできる。これって愛ですよね？

（中3・女子）

何でもガマンできるってすごいな！　相当好きなんだね。好きな人と付き合えるって、すごいよね。おめでとう！　彼氏が圭介のケータイのアドレス消してって言うのって、いわゆる束縛だよね。好きな人の独占欲って、かわいいよねー。独占欲も愛っちゃ愛なんじゃないかなぁ。誰かに取られるのが不安なんだよね。でも今はまぁ、ガマンできてても、耐えられなくなったら、ほかの男子と話していいと思う。

相手を思いどおりにしたいのは、ある程度まではかわいくても、いきすぎるとDVだよな。

彼氏、別の学校なんだし、わかんないでしょ!

束縛ってエスカレートしていくと、ケータイをのぞいたり、友人関係にいちいち干渉してきたり、どこで何しているかを逐一《ちくいち》聞いてきたり……。でも、それってキリがないよね。もっと二人でいることを楽しんだり、おたがいを尊重したり、ほっとしたりする関係を築けるように、「それってどうなんだろう?」と相手に自分の違和感を伝えてみては?

たとえば、こんなふうに――。

◎ほかの男の人全部としゃべらないなんて無理だよー。部活もあるし、バイトもするし。ほかにも男子がいるなかで、あなたを選んでる。(自信がないのはわかるけど)私はあなたのことが好きだから信じて。

◎圭介は幼なじみだし、ここから消しても向こうからメールくればわかるし、意味ないよ。今までの自分を支えてくれたうちの一人だし、自分の人生の一部なんだから、それはそれで認めてもらわないと困る。

ガマンする愛と、話し合う愛。長続きするのは、きっと後者のほうだよ。がんばってね!

あなただけアドレス消されるのは対等じゃないなぁ。彼氏のも消す? って、仕返しみたいだよね。彼氏もほかの女子とは話さないの? それもそれで、難しいことだよね。だって、人間半分ずつぐらいでしょ。恋人同士「こうしてほしい」

ケータイのアドレス帳から消去する前に、ちゃんとメモっとくんだよ！　別れた時に慰《なぐさ》めてくれる友だち、いなくなっちゃうよ！（→大事!!）

ということがあるけど、無理なことは約束できないよね。

仕方なくデータ消去したみたいだね。誰かと付き合うなかで、相手の受験が終わるまで一緒に遊びに行かないとか、部活終わるまで待ってろとか、そこそこガマンもあるよね。でも、それって「愛」のすごーく限られた一側面。楽しいことや、うれしいことがあるから付き合ってるんだもん。悲しいことや苦しいことのほうが多かったら、それは「二人の関係性を見直したほうがいい」っていうサインかも。

Q
08
question

「好きな人」がいないのはヘン？

周りの人たちは、最近好きな人と付き合ったとか、別れたとか、そういう話でもちきりです。話を聞くぶんには楽しくできるのですが、いざ自分に「好きな人とかいないの？」と聞かれると、答えに困ります。みんなの言うような好きな人はいないんですよね。それを友だちに話したら、「えー、マジー？」とか、「この話は、こいつにはまだ早い」とか、「こいつにはわからない」とか言われるようになりました。友だちの話題の中心が恋愛なので、自分が一緒にいる時には恋愛の話を避けていて、そういう感じがさみしいなと思います。私にも大事な人はいます。自分の周りの大好きな友だちを大切にしていきたいだけでは不十分でしょうか。

（中３・女子）

A
answer

特定の誰かのことを、寝ても覚めてもず〜〜っと考え続けているような「好き」もあれば、あっさりしている「好き」もある。その人の顔が毎日見たい、声が毎日聴きたいという「好き」もあれば、そんなに頻繁《ひんぱん》に会おうとは思わない「好き」もある。この「好き」が正解なんてことはないし、間違ってるってこともない。特定の誰かへの恋心が、いちばん偉い「好き」だということでもないでしょ。

「恋愛マンガなら得意！　悩みとか聞くよ〜」とか言って、楽しく話に加わろー！

「出会って一〇年たつよね」って言える関係も、けっこう感動！

みんなで集まって恋愛の話をしている時って、なんとなくその場は盛り上がるんだけど、いざ一人ひとりに「好きって何?」「付き合うってどんなこと?」「どういうデートをするの?」って聞いていくと、恋愛についてのモノサシはけっこうバラバラ。案外、みんなボンヤリとした前提で恋愛の話をしているのかもしれない。

「好きな人とかいないの?」って聞かれたら、「私はあんたたちが好きで好きで仕方ないんだよぉぉおおお！」って、照れながら答えてみよう。「キモイ」って言われたら、「キモくて悪かったな。でも私は、あんたらといる時がいちばん幸せなんだ！」って言い返せ！

周りのみんなのように、特定の好きな人がいるのは、たしかにみんなで話をする時に楽しそうですね。でも、特定の好きな人がいる人は、全人口のなかではどのくらいの割合なんでしょうね。どんな人でも、好きな人のいない時期はあるでしょうし、ストライクゾーンがかなり狭い人なんかは、好きな人に出会う確率も下がります。だから、それほどあなただけが変わっている、っていうわけではないのでは?

私としては、周りに流されて「好きな人」が二〜三か月ごとに変わっていくよりも、「自分には大事な人がいる」とはっきり言えるほうがステキなことに思えますよ。自分のペースで、自分が大事に思う人を大事にしていけたら幸せですね。

Q 09
question

同性が好きな自分がキモイ

自分が、同性が好きだって気づいたのは小学六年生の時。周りの友だちはいつもホモネタで笑ったり、ゲイキモイって言ったりしてる。家族もテレビでオネエタレントを見るたびに笑ってる。自分もそういうの見るとキモイって思っちゃうし、同性を好きになっちゃう自分のこともキモイと思う。そんな自分がイヤでイヤでたまらない。できるならば異性を好きになるように治したい。どうしたらいい？　（高1・男子）

A
answer

多数派だったら楽だったのかな……同性愛ライフ、楽しいけどね！

目や耳に入る情報だけだと、同性愛は特別なことみたいに描かれているよね。キモイって思っちゃっても仕方がないかも……。実際には、ひとくちに同性愛者といっても、サラリーマンもいれば、スポーツ選手もアーティストもいる。医者、スーパーの店員、パティシエ、運転手、教師……いろんな職業についている人がいるし、性格や見た目だって、すごくバラバラ。本当にいろんな人がフツーに生活してる。ただ、そういう人たちはテレビにはあんまり出ないけど、本とかブログとかはけっこうあるから、よかったら見てみて！　案外フツーすぎてイメージと違うかもね。

きみはどんな人が好きなの？　むりやり異性を好きになる必要はないけど、女子にもいろんな人がいるし、出会っていないだけで好きな感じの人がいるかも学校の友だちや先生のなかにも、こういうことについて真剣に話を聞いてくれる人がいるかも。

クラスに一〜二人は、セクシュアル・マイノリティがいるって割合なんだって。

しれない。しかも男子と女子だけじゃなくて、女子にも男子にも当てはまらない人もいるよね？「同性が好きとかキモイ」という否定的な気持ちはいったん置いておいて、いろんな人に会って、いろんな経験をしてみてもいいのかも。その後に、今より少し大人になったあなたが、どんな人と一緒にいて、どんな人が好きだと言うのかを楽しみにしてさ！

同性を好きになるのだって「フツー」の一つだよ、って思ってる人もたくさんいる。国際連合の専門機関の一つ、世界保健機関（ＷＨＯ）では、「同性が好き」ということは「治す」ものではなく、その必要もなく、そのままでいいって言ってるんだ。「異性が好き」「両性が好き」などと並んで、対等・平等なものなんだね。

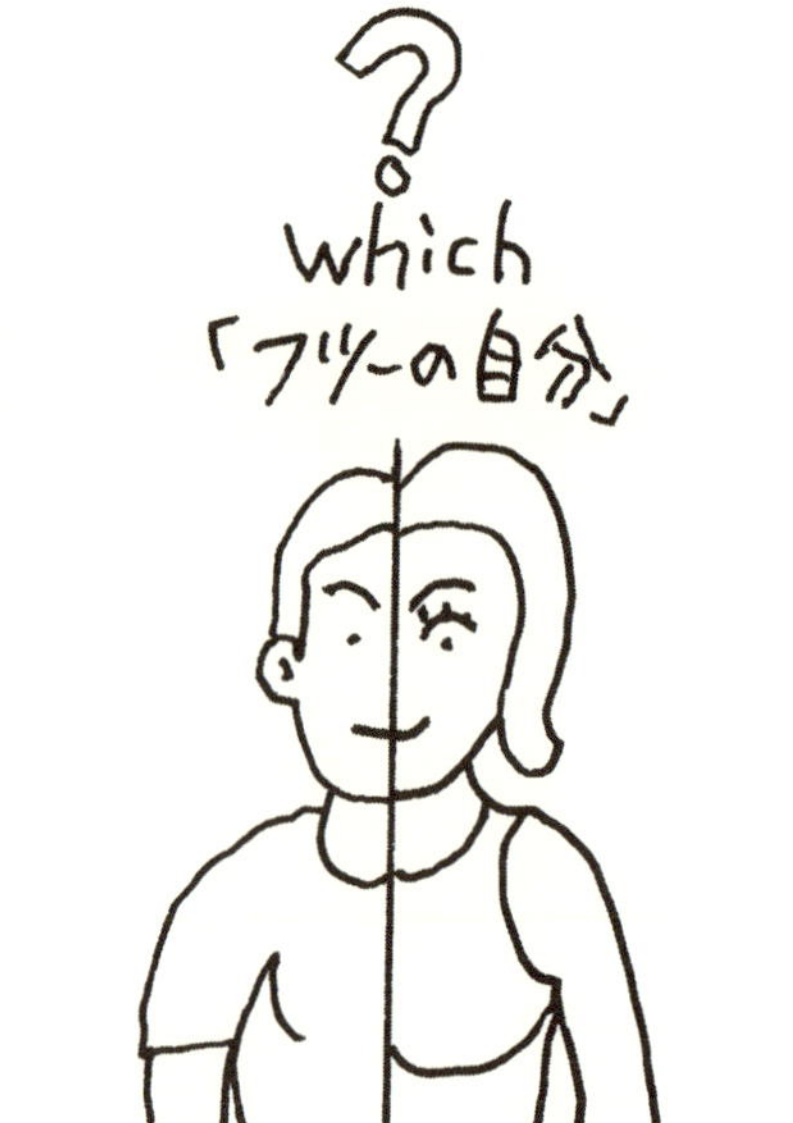

Q 10
question

付き合ってると思ってたのに……

最初は、みんなでライブとか、遊園地とか行ってたけど、一年ぐらい前から二人で行くことが多くて、メールも毎日くれるから、絶対俺のこと好きだって思ってたんだ。キスとかは苦手っていうタイプだから、デートの時もしなかったし、自分もガマンっていうほどでもなく彼女のこと大事にしてたんだ。それなのに信じらんない。ほかの男とはキスしてたってこと知ってガクゼン。彼女に問いただしたら、別に俺とは付き合ってたわけじゃないって逆ギレされた。もー、最悪。彼女にはいろいろプレゼントしたし、曲まで作って贈ったのに、友だちとしてもらってたんだって。泣きたい、死にたい。

（高2・男子）

A
answer

仲良くしたいだけなのに、すぐ勘違いされちゃうのも困る〜。

「好き」とか「付き合って」とか告白がないと、付き合ってるって思わない子もいるんだよね。もしかしたら、その子も困ってたかも。友だちとして楽しく遊んでいただけなのに、性別関係なく「親友」になれるかもって期待してたのに、って。そんな相手の気持ちを確認しないまま、突っ走りすぎちゃったかもね。その子の気持ちもわかったことだし、その子と今後どういう関係でいたいのかを考えてみては？　人と人は「付き合う」って形以外でも、一緒にいることができるし。

「悪魔のような女を好きになってボロボロにされた件」としてネタにしてしまえ！

残念！　次だ、次！　それだけ相手のことを大事にしてあげられるきみなら、もっと相性のいい人との出会いがある！　とにかく今は失恋の曲を作って、失恋を楽しみましょう。

彼女はうすうす「この人はあたしのことが好きなんだな」って気がついてたはず。でも、きみの「好き」に対してYESもNOも言ってくれなかった。そういう関係だったんだよ。

死にたくなるくらいなら、どんどん怒っちゃってもいい！　ムカついたところを並べて、怒ってみよう。そして、そんな「かわいいけど、結果としてきみを泣かせちゃう失礼なヤツ」を次からは選ばないように作戦を練ろう。今後はちゃんと「俺たち付き合っているよね？」って確認して、「友だちだと思っていた」みたいに言われる逃げ道をつぶしておくとかね！

Q
11
question

A
answer

会うといつもHばかり

リサが付き合いはじめた彼氏を紹介してくれた。まじめそうな男の子だったから、安心したし、彼氏できてよかったねって、お祝いもした。でも、このごろリサが暗い表情を見せるようになって……。心配で問いつめると、彼氏と会うのはいつも彼の部屋で、すぐにHされるらしい。断ろうとすると、「俺のこと嫌いなのか」って不機嫌になってしまうので、断りきれないって泣いてた。私は、それを聞いて、すごく腹が立ちます。その男、ヤリもく（からだ目当て）かも。もっと私の友だち大事にしてほしい。女の子の気持ち無視してHなんて、ありえないし。

（高3・女子）

もしかして、彼氏は、リサもいつもセックスを望んでいるって思っているのかもしれない。男子のなかには、女は「イヤって言いつつ、強引にされるのを待っている」なんて思い込んでるヤツもいる。「だから、本当にヤなんだってば!!」って言っても、言葉通じなかったりして（苦笑）。でもこればっかりは、彼氏と話してみないとわかんないよね。足りないのは、二人の間のコミュニケーションだよね。たとえば、「行きたいお店あるんだ～、先そっち行かない？」とか、「やっぱりセックス、あんまり乗り気しないんだよね。嫌いになったとかじゃなくて」とか。二人が仲良くい

彼氏がさわってきた時に手つないで、「今日はこれでじゅーぶん♥」って言ったら、彼氏もうれしそうにしてくれて、エッチ減ったよ。くっついてる時間は増えたけど（笑）。

賢者タイム（射精した後の男子が悟りモードに入る時間）なら性欲が一切ないとか。話を切り出すチャンス⁉

られて、上手に断れる方法を考えてみよう。

リサは、「セックスがしたくない」って感じなのかな。したくないなら、むりやり相手のペースにもっていかれるのは辛いよね。彼のこと好きだから、なおさら「したくない」って言いづらいのかもしれない。いつもじゃなければセックスもいいなって思っていたとしても、そんなにいつもいつもだと、付き合ってること自体セックスのためなのかな、っていう気持ちになってくる。セックスしたいから付き合うって人も、なかにはいるんだろうね。彼氏に「やりたいから付き合ってるの？」って聞いてみれば？　答え方に人柄が出そうだよね。

　リサが泣いちゃうくらいだし、やっぱ付き合う相手変えたほうがいいかもね。無理してその男といなくてもいいんじゃない？　人間、六〇億人いるしさ。リサの彼氏に直談判《じかだんぱん》しちゃう？　「リサのこと幸せにできないんだったら、付き合ってほしくないいんだけど」とか。あ、もちろんリサに聞いてからね！

彼氏を部屋から出そう！　外の世界に触れさせて、彼氏にエッチ以外にも楽しいデートがあるってことに気づかせてあげよう。あなたに彼氏がいたら、こんど四人でどっか行こーよ！　って誘って一緒に遊んでみるとか、どう？　彼氏いなかったら、リサの彼氏に友だち紹介してもらうことにして、一緒に遊ぶ。そしたら彼氏もできるし、一石二鳥⁉（笑）

Q 12 question

好きでもないのにセックスってアリ？

友だちのエリは、ビジュアル系のバンドの追っかけで、地方都市まで一人でも出かけていきます。そこで知り合った追っかけ仲間と一緒に泊まったりしているらしいんです。先日、エリから生理がこないことを相談されました。その男の子のことが好きで、もし妊娠してたら応援するよって言ったら、相手は追っかけ仲間で、同じバンドを好きなだけの人、と言うのです。そもそも、一人で泊まるより二人のほうが割安だからという理由で、一緒に泊まってセックスすること自体、驚きました。仲間にはおたがい「セフレ」って紹介しあっていると言い、本命の彼氏彼女はいない同士なんだそうです。私には、愛がないのにセックスをする関係なんて理解できません。このままでは、エリのことを嫌いになりそうです。

（高2・女子）

わかるわー。私は絶対、好きな人としかしない。

A answer

愛のないセックスをするからっていう理由だけで、エリのこと嫌いになっちゃうっていうのも、なんだかさみしい気がする。友だちなんだもん。せっかく仲良くなれたのに、一面だけを見て全部を嫌いになるのはもったいないよ。ほかの友だちとか家族だって、その人の全部が好きって、なかなかないよね。エリの心配な行動は、すぐには変わらないかもしれないけど、今までどおりでいられないかなー。

妊娠してたら応援って、エリは子どもを育てられる条件そろってる？ どう「応援」するの？

二人だから話せることとって、あるんじゃないかな！ 今までエリと話してきたことのなかに、「セックスってどう思う」とかってある？ 価値観って、ほんといろいろ。セフレとのこと、ほんとに軽いノリでしているのかもしれないし、いろいろ考えてるかもしれない。なにか悩みとか、不安なことがあって、気をまぎらわすためにしているのかもしれない。なんとなく家の居心地が悪いとか、バイト先でいじめられてるとか、学校に居づらいとか……。そーゆーこともあるかも。ないかも。

いいとかダメとかではなく、おたがい好き合っているわけじゃない人とセックスすることがあるってのは確かだよね。「セフレ」って言葉が存在するんだもん、一定数そういった関係はあるんじゃないかな。

エリはセフレとコンドームなしのセックスをしたのかな。コンドームなしでセックスすると、妊娠や性感染症にかかる可能性があるよ。一度検査をしてみてもいいかもね。コンドームも妊娠検査薬もドラッグストアに売ってるよ。それに、これは病院に行かなきゃもらえないけど、セックスして七二時間以内なら避妊することができるアフターピルっていう緊急避妊薬もあるよ！ って、生理がこないっていうことから、こんなに話が広がっちゃったけど、避妊についての知識は、持って損はないよ！（性感染症については四〇ページを！）

Q 13
question

友だちが恋人から殴られてたのを知って……

友だちが彼氏と別れた。今までは仲がよさそうだと思っていた。だから、いろいろ話してもらってても、のろけ話だと思って、「いいなー」とか言ってた。でも今考えると、ケータイの中身を見られたりとかしていたの、自分に言ってくれていた。さすがに、おなかを殴られていたのは知らなかったけど。なんで言ってくれなかったの？　って言っちゃったけど、もっとちゃんと話を聞けばよかった。いつも一緒にいたの自分なのに、全然気づかなかった。

（高２・女子）

A
answer

恋人の間での暴力って、なかなか気づけないものなんだ。本人たちも暴力だって認識してないこともあるから、周りの人はなおさらだよね。その友だちもそうだったのかもしれないし、もしかしたら「自分が悪いから」とか「知られたら恥ずかしい」と思ってたのかもね。本当はそんなことないのに。でも、これを読んでくれたら、あなたもこれからは気づいてあげられると思うよ。

恋愛って、二人っきりになることが多いから、その二人が疑問に思わなければ、話が外に出ることもなく、案外危険な「デートＤＶ」に陥ってることがあります。「デートＤＶ」とは、夫婦だけじゃなくて恋人関係にある人（過去にあった人）から振るわれる暴力です。こうだったら全部危険というわけじゃないけど、左に書いたことがありそうだったら、恋愛中の二人を心配して、対策を考えてあげられたらいいなと思います（「デートＤＶ」で検索すると、相談できるところが出てきます。相談にのるっていうところにたどり着いたら、出会い系サイトだった、っていうこともあるので注意！）。

交際相手からのこうした行為は、男から女への場合が多いけど、男性同士、女性同士にも起きてるよ。

相談してひかれるのが怖かったのかも。

✔ＤＶチェッカー

- □ 自分の予定をすべて前もって伝えておかなければ怒られる。
- □ ほかの人とのケータイのやりとりを禁止される。
- □ メッセージを即レスしないと怒られる。
- □ メール・アプリを開くのが怖い。
- □ 友だちと買い物に行ってる時に、「本当なら一緒にいるところを写メで送れ」って言われる。
- □ 裸の写真を送れと言われる。
- □ キスやセックスを強要される。
- □ 「自分を愛してくれてるから怒ってるんだ」と思って許してしまう。
- □ 「あの人は私がいないと生きていけない」と思ってしまう。
- □ 別れたいけど、怖くて言い出せない。
- □ 別れるって言ったら、「死んでやる」と言われた。

デートDVの種類

●身体的暴力
- ・ものを使って脅《おど》す
- ・音を出す
- ・物を投げる
- ・ドアを叩く、ける

●精神的暴力
- ・無視する
- ・不機嫌になる
- ・容姿を否定する
- ・言葉がきつい
- ・大声で脅す
- ・ほかの人の前でののしる

●性的暴力
- ・むりやり性的な行為をする
- ・見たくないビデオや雑誌を見せる
- ・避妊、性感染症予防に協力しない

●経済的暴力
- ・お金を返さない
- ・ものを買わせる
- ・生活費を渡さない
- ・借金をさせる

●社会との隔離
- ・学校やバイト先、会社などにもついてくる、迎えにくる
- ・友人関係を管理する
- ・外出させない

●デジタル暴力
- ・裸の画像を撮れと言う
- ・裸の画像を送れと言う
- ・裸の画像をばらまくと脅す

Q
14
question

友だちの初デートが危険な気がする

うちの親友のヒナコは、最近SNS上で高校生と付き合いはじめて、テンションが高い。「毎日、メッセージ送ってくれるの♥」「マジ、カッコいい」って、いちいち報告してくる。ちょっとうんざり。彼氏の写真見せてくれたけど、イカツイ系だし、高校生には見えない。なんかあやしい。うちのダメンズ好きなお姉ちゃんが初デートで速攻エッチにもっていかれた時の人に似てる。ヒナコが「日曜日、初デート♪」って言うから、「危ないから、最初は二人だけで会わないほうがいいんじゃないの」って忠告したんだけど、聞く耳持ってない感じ。どうしたらいいのかなぁ。

（中2・女子）

A
answer

たしかに会ったことない相手って心配だよね。付き合いはじめって気持ちが盛り上がるし、忠告が耳に入らないのもわかる気がするなぁ。こんな時は、あなたが相手役になって、デートの前に、エッチの誘いを断る練習してみるといいかも。彼氏役（あなた）「終電の時間、間違えた。なにもしないから俺んちに泊まんなよ」「朝までカラオケ行こうか」「俺のこと好きじゃないの?」などなど、シチュエーションを変えて事前にシミュレーション！　バカみたいとか思うかもしれないけど、試してみる価値はあるよ。タバコやクスリを誘われた時も、人は想定外の誘い文句に弱い。

断るセリフ出てこなくなって「うっかり誘いにのる」ことがあるんだって。

信頼できる友だちにだけでも、行き先を伝えておこう。

実は私も、ネットで知り合った初デートの相手にレイプされそうになった。初デートの時に車で迎えにきて若干ひいたし、車内でかかる曲も古いし、話も全然あわなくて。帰りたいって言ったら、いきなり覆《おお》いかぶさってきた。股間けって、走って逃げた。大通りまで出て、どうやって帰っていいかわからない自分。お金もそんなに持ってきてない……。そうだ！　お守りのなかに、五千円札入れておいたんだ！　って気づいて、タクシーでなんとか家まで帰れたんだ。その時の教訓。初デートは、タクシーで帰れるぐらいのお金を持っていかなきゃね。

犯人の証拠《しょうこ》になるものはすべて残しておこう。その時着てた服とかね。

もしもヒナコさんが初デートでイヤなことをされたり、性犯罪の被害を受けた場合、突き放さずに相談にのってあげる友だちでいてくださいね。忠告してくれたあなたに申し訳なくて、本当のことを言えなくなってしまうこともあります。被害にあったヒナコが悪いんじゃないよ、と言ってあげてください。

性感染症の検査については、四〇ページを見てね。

もしも性器を挿入されたり、未遂《みすい》であっても精液などが性器に付着した場合には、妊娠や性感染症の心配もあります。そんな時は、婦人科で処方してもらえるアフターピルを使って妊娠を止める方法もあるので（時間制限あり）、できるだけ早く受診する必要があります。性被害を受けた場合は、中学生同士では対処しきれないので、相談センターを教えてあげてください（一五七ページ）。

column

ネットで出会った人との初デートに注意

最近はネットを使ってステキな人と出会うってことはフツーにあるよね。メッセージのやりとりだけで好きになっちゃったり。そして念願の初デート。でも、ここにはいくつか注意しておきたいことがあるんだ。二人だけの密室空間（家、カラオケ、車、ホテルなど）でいきなり襲われたりとか、その人の家に行ったらほかにも何人かいて囲まれたりとか。特に相手が年上の人だとセックスを断れなかったり、避妊や性感染症予防をしてくれなかったり、お金を取られることもある。

こういったことは女の子だけじゃなくて、男の子にも起きている。同性での交際だった場合、お前のこと学校（親、会社）にバラすぞって脅迫されたりすることも、残念ながらある。だから、最初のデートはカフェやファミレスのようなたくさんの人がいる空間がいいし、財布とは別のところに万が一の時のお金は持っておいたほうがいいかも。最初は、おたがいグループで会うっていう方法もある。そして何かあった時には、話を聞いてくれる大人もいることも知っておいて（一五七ページを見てね）。安心して楽しい初デートをしたいよね。

第 3 章

学校・友だち系

Q 01

question

先生がえこひいきするんだけど……

担任がウザイ。コウジとかユウコのグループが授業中にうるさくても絶対に注意しないのに、俺がちょっとでも話していると、すぐに廊下に呼び出す。この前、試験中に先生がプリントを取りに一瞬いなくなった時、コウジが騒ぎ出した。それで先生が帰ってきたと思ったら、いきなり俺の席に近づいて、「お前うるせえよ！」と机をガツンとけった。さすがに周りの子も「こいつじゃないですよ」ってかばってくれたけど、騒いでいたのがコウジだとわかったら、担任は話題をそらしたの。マジありえないよ。これから受験だけど、俺の内申点って、どうなっちゃうんだろう？　（中3・男子）

A

answer

ひいきというか、「お前うるせえよ！」なんて暴言だし、ものに当たるのも暴力だよ。その先生、ちょっと問題だね。内申点はテストの点数（習熟度）でだいたい決まり、態度など（提出物、発言など）の占める部分は比較的少ないから、あまり気にしなくていいのかも。でも、先生からの差別で内申点が上がらないという話もあるみたい。成績表について疑問な点があったら、保護者と一緒に学校に言って、情報開示をしてもらうこともできるよ。

ほかの先生と仲良くなろう。保健室の先生やスクールカウンセラーも力になってくれるかも。

保護者会の議題にしてもらうのもいいかもしれない。

ほかの先生や教育委員会に、えこひいきのことを話したらどうだろう？　一つひとつ、起きたことや言われたことを、日付と一緒にメモに残しておくんだ。「○月×日、今日はこんなことを言われた。ショックで昼ご飯を食べる気が失《う》せた」みたいに。録音でもいいよ。記録をとってそれがいくつかたまったら、担任の先生よりも立場が上の先生、たとえば教頭・校長先生なんかにそのことを報告してみよう。担任の先生がしていることを、いろんな人に知ってもらおう。そうして、そこでこの状況を判断してもらおう！

かばってくれるクラスメイトの存在は心強いね。クラスメイトのみんなは、この先生のえこひいきについてどう思ってるんだろう。みんなも問題だと思ってるなら、共感してくれる数人の連名で、もしくはクラスで団結して報告してみるっていうのもアリだね。ちなみに一人だけの苦情と判断されてしまうと、動いてもらえないことも多いんだって。

Q 02
question

「クラスみんな仲良く」って思えない！

僕の教室の黒板の上には、「みんな仲良く楽しいクラス」っていうクラスの目標が貼ってあります。なんとなくその意味はわかるんだけど、逆にすごくウソくさくも感じます。クラスの全員にあだ名をつけようとか、一人ひとりのよいところを言っていこうとか、ちょっと僕には無理です。だって僕には、どうしても仲良くできなさそうな人がいるんです。そんな人のよいところなんて挙げられない。「優しいところ」なんてうわべだけの言葉だし。だからといって、もちろんその人をいじめたりしようなんて思ってないし、同じ班になったら協力もするけど。「みんな仲良く」を強制しないでほしい。そんなふうに思うのって、おかしいのかな。

（中1・男子）

A
answer

「みんな仲良く」って、難しいよね。どうしても合わない人いることもある。でも、ある日その人がひょんなことで助けてくれたり、いい面が見えたりして仲良くなることもあるよね。むりやり仲良くしなくても、人との関わりの自然なやりとりのなかで生まれた感情でいいじゃん。ちなみに何十人もの人と濃く関わりつづけなければいけないのって、学校のクラスぐらいのもんだよ。

文化祭・体育祭の打ち上げとか、行かない派！ 付き合い悪いって言われてもね。行事終わったし。

朝、会って、おはよーとか言えてれば、十分「仲良くできてる」気がするけどなぁ、ダメ？

「キーッ！ これ以上あの人に近づいたらムカついちゃう!!」っていう相手に対して、無理をしてあだ名をつけたり、相手のいいところを探そうとしたりすると、かえってムカムカして眠れなくなったりする（笑）。合わない人と「ちゃんと距離をとる」ことだって、一つの答えなんだよね。三〇人や四〇人のクラスで、みんながおたがいのことを好きで、いつもニコニコ楽しくしていたら……。それってたぶん、誰もホンネを出せないようなクラス。ちょっと怖くない？ おたがいそれなりに不満もあって、ケンカや好き嫌いもある。楽しい時も、テンションが低い時もある。そんななかでも、いじめとか仲間はずれをするんじゃなくて、おたがいがそれなりにうまくやっていく。それでOKじゃないのかな。

学校だけではなくって、バイト先でも、就職先でも、「みんな仲良く」っていうことが起きています。たとえば、バレンタインデーの習慣。正直、チョコレートをあげたくないと思っている上司がいて、でも一律にお金を徴収される。お金はドブに捨てたものと思って割り切れても、（勘違いヤローの）上司が「ありがとう、みんな愛してるよ～」「妻にヤキモチやかれた」とか言って舞い上がっている……。

ちなみに私は、ホワイトデーにお返しもらうのも拒否したくて目の前でゴミ箱に捨てたら、女子仲間から「やりすぎ」と非難されてしまいました。それは反省。

Q
03
question

先生がよくホモネタで笑いをとるんだけど……

うちの担任はよくホモネタを言って私たちを笑わせ、クラスの雰囲気を盛り上げようとします。私はそんな先生にとても腹が立ちます。だって、それって同性愛の人たちを差別して笑ってるってことでしょ？　私のクラスにはゲイの友だちがいます。それは私しか知りません。先生がホモネタを言う時、彼はいつも苦笑いしているのを私は知っています。その時、何もできない自分にも腹が立ちます。先生に文句なんて言えないし、ほかの友だちはみんな笑ってるし。こんな時、私はどうしたらいいのでしょう。彼と一緒にガマンするしかないんでしょうか？

（中２・女子）

A
answer

みんなが笑っているところで、そこに怒りをもってくれているというのはとても素晴らしいし、ゲイの友だちもとても心強いでしょうね。本当はその先生に直接、それは差別ですよって言えればいいんだけど。無理そうだったら、学年主任の先生や保健室の先生、校長先生に、担任の先生がホモネタを言って笑わせるセクハラをするので、とても困っているって相談できるといいね。

この本を学校の図書室とか保健室においてもらって、先生に勉強してもらおう（宣伝、笑）。

生徒たちにどう感じとられているのか、先生がわかるようになるといいけど、それはきっと時間がかかるかもね。

言われたホモネタよりもおもしろいことを言うと、話題が変えられたりするよ。

みんなが笑うから、先生も調子にのって繰り返すんだよね。ほんと最悪。やられっぱなしじゃ、モンモンとしてくる。その場面で先生に文句を言うのが難しかったら、休み時間や放課後、友だちに「あの先生、マジないよね」って話しかけてみるのもいいかも。一人よりは二人で先生に対して怒ったほうが、まだ健康的！ 笑ってる友だちのなかにも、無理して笑って、心の中ではムカついてる子がいるかもよ。そのうち、先生のホモネタで笑わないクラスメイトのほうが増えたりして。

ホモネタはイヤだけど、話題にのぼった時にどう話すかかなーって思う。たとえば、周りの子がゲイのことを悪く言った時に、うちは「ゲイもいい人いるよー」って言ったら、「あ、そうだね、どっちでもいいね」ってなった。ゲイかもね、みたいな話ができなくなるのも、それはそれでイヤだし。

ホモネタって、けっこう女の人同士でもしていますよね。イケメンタレントが結婚しないと、「ネットで○○がホモ疑惑あるけど、あんないい男なのにもったいない」って。つまり、いい男同士がカップルになると、（異性愛）女性に行き渡らなくなり、自分がイケメンを確保できないっていう発想!? もし女性に興味関心あったとしても、あなたを選ぶとはかぎらないのにね（笑）。本人にとってみれば、ゲイでもなんでも「もったいない」とかそういうことじゃないのに。それに「疑惑」って言葉を使う時点で、なんかイヤな感じ。

Q04
question

A
answer

もし学校に性同一性障害の生徒がいたら、どうしたらいいですか？

私は中学校の教員です。クラスに一人はセクシュアル・マイノリティの生徒がいるはずだと聞きました。私の周りにはまだいないようですが、これから性同一性障害の生徒が入学してくる可能性もあると思います。男子として入学した生徒がスカートをはいてくるようになれば、ほかの生徒や保護者も動揺するのではないかと考えます。差別してはいけないということはわかっているのですが、正直どのようにその生徒に対応していけばいいのか、わかりません。わかりやすい対応マニュアルみたいなものがあるといいのですが。

（中学校教員）

おそらくあなたは、多様な性について直接当事者から話を聞いた経験があまりなく、いまいちイメージが湧いていないのではないでしょうか。セクシュアル・マイノリティについてわかりやすく書かれた入門書を手にとってみたり、ＮＰＯなどが主催している勉強会に足を運んでみたりするのも非常に有益だと思います。長い教員生活、知っておいて絶対に損はないですよ！　学校の先生は、生徒に対して自分の世界観を見せることになるので、あなたの世界観のなかに性同一性障害の人がいないのであれば、そのように生徒には伝わってしまうと思います（入学してくる生徒が疎《そ》外《がい》感を感じたり、クラスメイトが先生と同じように性同一性障害の生徒を自分とまったく別の存在としてとらえてしまったり）。意外に子ども同士のほうが敏感に理解しあったりして、うまく人間関係をつくれる場合もあるので、そのエネルギーをどうかいい方向にもっていけるように、つながりをつくってみてくださいね。

先生の周りにいるよ。これまでも、今も、これからも。生徒たちにも、先生方にも、保護者の方々にも、そして先生のお友だちにも。もしかしたら先生のお子さんにも（お子さんがいればね）、親せきのなかにも。電車で座ってる隣にも、いつも行くスーパーマーケットにも。いつでも、どこにでも。

文部科学省が二〇一四年に出した「学校における性同一性障害に係る対応に関する状況調査について」という調査報告書や、二〇一五年に出した「性同一性障害に係る児童生徒に対するきめ細かな対応の実施等について」という通知を見てみてください（文科省サイトにあります）。性同一性障害や、その可能性のある子どもたちについて、学校側がどのように対応したらよいかを細かく扱っています。マニュアル的にも読むことができそうです。ただ、実際にセクシュアル・マイノリティの子どもと接することは、マニュアルどおりにはいかないことのほうが多いでしょう。

もっとも重要なのは、子ども本人が何を訴え、どのようなことを希望しているのかを、きちんと聴くことです。「きみは、どうしたい？」「こんなことが起きたら、どうしようか？」と、一つひとつの事柄（更衣室やトイレの使用をどうするか、宿泊行事のお風呂はどうするかなど）について話し合うプロセスを経ることが大切です。周囲の人にどのように理解を求めるかについても、本人と話をしてみてください。もしかしたら、その子の周りではすでに解決ずみかもしれませんが。

Q 05

question

ゲイだって言われたけど、迫られるかな？

この前、親友のリョウタにゲイだってカミングアウトされた。そんなこと思ってなかったからビックリしたけど、リョウタはリョウタだし、別にこれからも親友のままだって答えたんだ。リョウタも緊張してたけど、それ聞いてうれしそうだったから、俺もちょっと安心した。これまでも、たまにおたがいの家に遊びに行ってたんだけど、そういえばこんどは俺がリョウタんちに遊びに行くことになってたんだ。なんかちょっと不安。俺、リョウタに迫られたらどうしよう。俺、そんなんじゃないし、友だちだったら別にいいけど、好きになられちゃ困る。やっぱ家に遊びに行くのは危険かな？

（中3・男子）

A

answer

同性が自分のことを好きかもしれないと、初めて思ってビックリしてるのかな。きみが男を好きっていうよりは、リョウタが好きで一緒にいたいなら、一緒にいればいいと思うよ。二人がゲイかどうかなんて、結果なんだから二の次よ。あるゲイの人が、好きになった人がたまたま同性だったって言ってた。どうなるかわからないけれど、最終的に、おたがい自分の気持ちを大事にできるといいよね。

「そんなんじゃない」「好きになられちゃ困る」って失礼。「ゲイ＝俺のこと好き」「ゲイって特別な人でエロいことばかり考えている」的な、ちょっとズレて、見下した意識が入ってるかもー。

カミングアウトはとっても勇気がいるし、されたあなたも「自分は信頼されていたんだ」ってことを誇ってもいいよね。この関係を大事にしたいなら、リョウタがあなたを信じたように、あなたも素直に思ったことを伝えてみては？「親友として好きだから、もし、ないかもしれないけど俺のこと好きとかだったらどうしようと、思いあがりかもしれないけど不安になった」みたいに、いろいろ聞いてみなよ！「もし、これ勘違いとか、失礼なことだったらごめんね」っていう気持ちが相手にきちんと伝われば大丈夫。なーんだ！ そんなことを気にしていたんだって、笑い話ですむかもしれないんだし。なんでカミングアウトしようと思ったのかとかも、その時に聞いてみると、おたがいのことがよくわかるんじゃないかな。あ、でも、「ええ!! 全然お前のことなんかタイプじゃねーし!! 考えられないし、絶対に無理!!」なんて言われたら、それはそれで傷つくかもね（笑）。

ゲイの人＝すぐ男にむりやり迫る！ ってイメージがあるけど、それは誤解だよ。好きな人にいきなり迫ったら、ひかれることもあるし、犯罪になることもある。それは女が好きな男も、男が好きな男も同じだよ。手当たりしだい誰とでもヤリたい！ って人もなかにはいるかもしれないけど、女が好きな男のなかにもいるよね。ゲイだけ特別いろんな人とヤリたい！ と思っているっていう話は聞いたことがないよ。

もし、リョウタくんがきみのことが好きだったとしても、「親友のままだ」ときみは言っているんだし、いきなり迫ったりしないんじゃないかなあ。万が一迫られたとして、きみがイヤなんだったら、きちんと断ればいいじゃん。これまでの人間関係とか信頼とか、過ごしてきた時間があるでしょ。それを信じてみようよ！

一口メモ

「オカマ」や「オネエ」という言葉の使用方法

「オカマ」や「オネエ」ってよく聞く言葉だけど、どんなふうに使われてるんだろう。「立ち振る舞いが勇ましくない男」や「男が好きな男」に対して笑いをとるようなニュアンスで、よく使われる言葉だよね。周りが勝手に決めつける意味合いでその言葉を使うと、その人はイヤな思いをしていることがあるよ。自分自身でプライドを持って使う意味合いとは、ちょっと違うよね。あの人の「オカマ」や「オネエ」の使い方間違ってるなとか、誰がどういうニュアンスで使っているのかとか、言葉の響きの「違い」がわかるようになれるといいね。

Q 06
question

カミングアウトできない自分は、ウソつきでしょうか？

私は自分がレズビアンだということを、まだ誰にも言っていません。友だちと恋バナしていても、好きな女の子のことを男の子に置き換えて話しています。だから、いつも友だちにウソをついているような気がして。できれば友だちにカミングアウトをして、ありのままの自分で友だちとも付き合っていきたい。でも、カミングアウトをしたら友だち関係が終わっちゃうんじゃないか、仲間はずれになるんじゃないかと不安で、怖いです。ほかにレズビアンの人とかも知りません。もうすぐ高校も卒業なので、これまでの友情はウソじゃなかったんだって思いたいんです。どうしたらいいでしょう。

（高3・女子）

A
answer

自分の全部を友だちに言えるって人のほうが少ないよ。大事に思うからこそ言えないってこともあるし。カミングアウトしていなくても、「本当の友情」はあるんじゃないかな。「まだすべてを話していない」ことに罪悪感を持つことはないよ。もし、仮に話してみたとしたら、友だちだってきっと真剣に聞いてくれるんじゃないかな？

カミングアウトできないと「チキン」だとか思う人もいるけど、タイミングだよね。

「本当の友情」「ウソの友情」というのは、はっきり白黒分かれるものじゃないけど、本当におたがいを大切にできるような関係があれば、これからも「友情」「人間関係」は続いていくよね。高校を卒業した後に、みんなと会う機会はどれくらいあるのかな？　卒業までにカミングアウトしなくちゃ……とか、あせる必要はないはず。

やっぱり仲のいい友だちには話したいし、受けとめてほしいよね。カミングアウトって、うまくいくこともあれば、残念な結果になっちゃうこともあると思うんだ。カミングアウトはその一瞬の出来事ではなくて、その後も含めた長い時間をかけて関係をつくり直していくという作業全体のこと。その準備をしてみてはどうかな。

〈カミングアウトの準備〉

◎自分のことを、ちゃんと説明できる？
◎友だちに拒絶されちゃった時、そのことを相談できる友だちや仲間はいる？
◎もし、自分のことを言いふらされちゃって、その場に居にくくなった時、ほかに自分の居場所はある？
◎友だちが困惑しちゃった時、その友だちが相談できる人はいる？
◎このことに集中できる時間的・心理的余裕はある？

そのことについて安心して相談できる人がいたほうがいいかもね。知り合いとか、わかってくれそうな先生とか、ほかにもセクシュアリティの悩みを聞いてくれる電話相談やコミュニティセンターもあるよ。

☆セクシュアル・マイノリティの人たちが安心して集まれる「コミュニティセンター」やグループの一覧がまとまっているサイト
FTM 相談所　　http://ftm-gid.net/
(「相談機関・グループの紹介」ページに LGBT に関する団体が載っています)

☆セクシュアル・マイノリティについて話せる電話相談
よりそいホットライン
性別や同性愛などセクシュアル・マイノリティに関する相談（全国どこからでもかけられます）
【相談電話】0120-279-338（ガイダンスのあと４番を選択）
【日時】24 時間通話料無料
【サイト】http://279338.jp/
被災３県（岩手・宮城・福島）では、0120-279-226 のあと４番を選択すると、セクシュアル・マイノリティラインにつながります

Q 07 question

頭髪検査がイヤなんですけど……

今日、抜き打ちの頭髪検査があって、茶髪は校則違反だから黒く染めろ、それも来週までにやれって言われて凹んだ。土日はバイト入っているし、来週までに美容院に行くのは無理。だったら自分で、コンビニで買ってやる？　ヤだなー。別の友だちは、ピアスあけたのがバレて、穴がふさがるまでピアスするなって、「お仕置き部屋」に呼び出し。誓約書《せいやくしょ》まで書かされていた。学校にピアスしてこないなら自由じゃない？　抜き打ちで、髪とか耳とかさわられるのも、気持ち悪いし。学校の先生がどこまで命令できるの？

（高2・男子）

A answer

学校にいる時のルールは必要だけど、先生だけで決めるものではないと思うんだ。先生も生徒も同じだけ学校にいるわけだし、気持ちよく過ごしたいよね。生徒も一緒に校則を考えられる学校もあるみたいだよ。校則がおかしいと思ったら、生徒みんなで意見を集めて、生徒総会にかけて校則を変えるっていうのも、考えてみたら全然おかしくないんだよね。

たとえば、「お仕置き部屋」について生徒同士で話し合いをして、結果を先生方に「こういった対応でどうですか」と報告するのはどうかな。面倒だけど、年齢や考え方みんなが、自分の頭で「どういうふうに振る舞うのがいいのか」考えて出した答えと、先生が無理やり押しつけてくる答えとでは、同じルールだとしても、意味合いが違う。

親しくもないのにさわってくるなんて、失礼よ！

の違う人が同じ場所で暮らしていくための方法を探す、今後のための勉強ってことで。

校則に反したからといって、誓約書を書かせたり、「お仕置き部屋」に閉じこめたり、恥をかかせたりするやり方が「正しい」とはかぎらないよね。あまりにも行きすぎた指導は体罰にあたることもあるよ。

校則がもともと「髪型は、男子は耳が出るもの！　女子は肩より上、もしくはポニーテール！」みたいに厳しいって場合もあるし、校則には書いていないけど、いろんなことを先生が決めちゃっている場合もあるよね。私の場合は、ハイソックスが流行りはじめたら、いきなりハイソックス禁止になった。理由を聞いたけど答えてくれなくて、「学生らしい服装をしなさい」だって。ハイソックスのどこが学生らしくないのか、意味がわからない。さらに赤い髪ゴムをつけていた下級生は、上級生に呼び出し食らってた。暗黙のルールに反しているからなんだって。おたがいを監視しあう学校生活、いったい誰の得なんだよって思うよねー。

Q 08
question

顧問の先生にからだをさわられたんだけど、誰にも言えません

高校のテニス部の合宿でのことです。練習のあと、顧問の先生から個別指導ということで部屋に呼ばれました。部屋に入ると、練習の成果をほめられたのですが、「お前はからだが硬いから、軟らかくなるともっとうまくなる。まずはマッサージが必要だ」と言われ、ベッドに寝るように指示されました。マッサージと言いながら、からだをさわられたり、胸をもまれたりしました。突然のことで拒否もできませんでした。キスをされそうになりましたが、私が泣いてしまったので、先生は「お前が拒否をしなかったんだし、試合に出たいなら誰にも言うな」と言って部屋を出ていきました。親は顧問の大ファンで、スポーツ推薦をしてもらえるから先生の言うことをよく聞け、と言っています。きっと、ちゃんと抵抗しなかった自分が悪いんだと思います。こんなこと恥ずかしくて誰にも言えません。

（高2・女子）

A
answer

がんばって話してくれてありがとう。ここまでたどり着いたあなたにいちばんに伝えたいことは、この本はあなたの味方だよ、ということ。あなたは何も悪くありません。そして、今あなたの悩みを少しでも解決するために、まず、法律から説明するね。法律では、性的な関係についておたがいの意思を大事にしているので、

私もビックリするほうが大きくて固まっちゃいそうだ。

学校で犯罪に巻きこまれることもあるんだな……。

あなたの意思に反して顧問が性的関係を強要した場合には、「暴行又は脅迫を用いて十三歳以上の女子を姦淫《かんいん》した者は、強姦の罪とし、三年以上の有期懲役《ちょうえき》に処する」（刑法一七七条）とあるように、処罰の対象となります。あなたが高校生であることや、指導というウソをついての暴力だったのだから、「抵抗しなかった自分が悪い」と自分を責めたりしないでください。

顧問とか先生とかって、レギュラー選択やスポーツ推薦の権限を持ってるから、部活のなかでは「絶対」の存在だよね。その「権力」を悪用してこんなことをしてくるなんて、ものすごく卑怯《ひきょう》！　あなたは何も悪くない。この顧問の言ってることって、完全に「脅迫」じゃん。この顧問がやっていることは、「スクール・セクシュアル・ハラスメント」って言って、「暴力」なんだ。あなたはそれに対して怒っていいんだよ！

まずは保健室の先生やスクールカウンセラーに話してみよう。話を聞いてくれそうかな？　もし学校の先生に話しにくいようだったら、電話相談もあるよ。秘密はちゃんと守ってくれるから、安心してね。

〈相談窓口〉
スクール・セクシュアル・ハラスメント防止全国ネットワーク
電話：06-6995-1355
Fax：06-6995-1356
E-mail：sshpzenkokunw2008@aroma.ocn.ne.jp
HP：http://nposshp.jimdo.com/

Q 09
question

A
answer

「あの子の味方になってあげて」って言われても困る

トモヤとは部活が一緒で、フツーにしゃべる。今年になってから一緒のクラスになった。アイツ、前のクラスでいじめられてたんだよ。たしかにトモヤは少し変わったところがあるし、読んでいるマンガとかもヘンだけど、フツーに接していたらいいヤツだと俺は思ってる。そんな感じだったけど、二か月前に担任から「あの子の味方になってあげて。よろしくね」と言われた。ちょっとビビった。好きな人同士で班を決める時、トモヤを誘う人がいない。遠足のバスの座席も、トモヤの隣が最後まで決まらない。だから俺が隣に座ることにした。でも本当は俺、別のヤツらと一緒に騒ぎたかったんだ。運動会の二人三脚の相手もまた俺がやるしかないのかな。部活でフツーにしゃべるくらいでよかったのに、これじゃ本当に面倒を見てあげてるみたい。気楽な友だちがよかったのになぁ。

（中2・男子）

バスの座席とか、修学旅行の部屋とか、「好きな人同士」で集まる場面って、本当に残酷《ざんこく》だよねぇ。無理をして、気をつかう子と一緒のグループに入ることになっちゃったり……。本当は仲良くないのに、仲良くしなくちゃいけないような仕組み、廃止したらいいのにね。質問をしてくれたあなたは、優しくて、きっといい友だ

修学旅行で入れてくれた班に迷惑かけてイヤだった。マジで一人にして。

ちなんだと思う。友だちって、フツーに会話する程度でも友だち。無理をして一緒にいて疲れちゃうのは、もったいないよ。

自分はトモヤのお世話係じゃないし、自分だって友だちと楽しくやりたいし、いつもトモヤと一緒にはいられない。何人かで持ち回りにしてほしい（班分けや座席をくじ引きとかにしてほしい）って、先生に提案してみたらどうだろう？　そもそも、トモヤ自身はどう思ってるんだろうね。

「人がイヤがることを口にする人」「暴力的な態度や行動をとる人」「その場の雰囲気がわからずに場違いな発言をする人」「いつも人の悪口を言っている人」など、クラスのなかには関わりにくい人、関わりたくない人っていますよね。必ず。あなたは頼りがいがあると、先生から「よろしくお願いね」って頼まれちゃうことがあるかもしれないけど、そのことが重荷になって学校に行くことができなくなってしまった人もいるんだよね。

もし先生から、「〇〇ちゃん係」を頼まれたならば、できないこと、できることをはっきり言ってもいいんです。もしも断って、その子が困ったとしても、決してあなたが責任を感じることなんてないのです。なぜなら、それは先生方全員の責任であり、「教育」のなかで指導や支援を考えるべきことだからです。

Q10
question

オタクだったらいけないの？

うちの高校、休み時間になると、男子はエロい話で騒いでて、女子は大声でキャーキャー笑っている。みんな恋愛かバイトの話ばっかりしていて、個性がないし、くだらないし、うるさいなぁって思う……。自分は、授業中も休み時間も、マイナーな映画や演劇の雑誌を読んでいる。誰も話しかけてこないし、自分も特にみんなと話す話題もないから、今のままでいいかなぁ。夜中にネットをやっている時がいちばんほっとする。親からは「ネットばかりしてないで、親と会話しなさい」「もっとさわやかになれないの？」妹からは「そんなんだから、モテないんでしょ」と言われる。うるさいなぁ、ほっといてくれよ。オタクっぽいって言われるけど、オタクだったらいけないの？

（高1・どっちでもいい）

A
answer

好きになれるものや、夢中になれることがあるなんて、すごくラッキー。演劇や映画について周りの人たちにはないセンスを持っているわけでしょ？ 素晴らしいよ。ただ、趣味の世界があることで、そこが現実逃避《とうひ》する場所になってしまうことって、ときどきあるよね。人間関係から心を閉ざして、自分だけの世界で生きていこうとする感じが周囲に伝わってしまうと、「残念なオタク」だと思われてしまうの

好きなことに関しては
みんなオタクだ！

ノーベル賞とる人だって、もともと科学オタクとか機械オタクだよ。

かも……。でもさ、まさに周りの世界から逃避するために、オタクであることに励みたい!!　って人もいるわけだよね。親やめんどくさいクラスメイトとの会話をどうしても避けたい時に、オタクっぽい自分を演出しておくことは、優秀な作戦の一つだもの。今の自分がラクだったら、オタクキャラ路線でいくのも一つの手じゃないのかな。

そこを極めれば極めるほど、どんな映画や演劇が好きなの？　って話で盛り上がれる人とつながっていけるよ。

それって、けっこうすごいことだよ。映画の監督が舞台やアニメを手がけたり、異文化間でのつながりがあったりして、別のオタクの人とそんな話をしても楽しい。しかも、好きなものを通じてできる友だちって、長く続くし、楽しいいし。周りも孤立しちゃうことを心配してくれてるのかもしれないけど、まぁ、聞き流しておこう（笑）。

一口メモ

嫌いという感情、好きという感情

「人は人を好きになる」「すべての人に嫌われたくない」と思っている自分って、他人からの視線を意識しているうちに本当の自分を消してしまうことがあるんだよね。本当の自分に夢中な時って、人に嫌われてもいいって思えるっていうか、人からの評価が気にならなくなる。人目を意識した行動がバカバカしく思える。嫌いって思っている時間や感情に振り回される時間がすごく少なくてすむ。嫌われたくないという思いにとらわれていた自分が、解き放され自由になれる。

誰からも好かれたいと思うことにより、本当に好きな人を探すセンサーがにぶることもあるんだよ。自分が研《と》ぎ澄《す》まされると、本当に好きな人に出会えた時すごくフィットして、その人との関係性を楽しめる。それは家族や、恋人、同僚、友人に対してもおんなじだし。「相手を嫌ってはいけない」と意識しすぎるから、辛くなる。人を嫌いになるのは悪いことではないし、自然な感情だっていうことを自分で引き受けてあげる。そうすることで、嫌いな人を好きになろうと努力する時間も減るし、相手にあまりとらわれなくなる。そうして気持ちにゆとりが出てくると、相手のことを大嫌いって思わずに、好きになれない人、ぐらいに落ち着くこともあるんだよ。

Q
11
question

A
answer

自分ってダメな人間だと思う

自分は背も小さいし、顔も不細工《ぶさいく》だし、頭もよくないし、運動神経もないし、おもしろくないし、何にもいいところがないと思う。クラスのみんな何かしらいいところがあったり、得意なことや好きなことがあったりして、すごくうらやましい。あんまり友だちもいないから、休みの日はいつも家でテレビ観てるか、ゲームしてるか、寝てる。友だちや恋人と、どこかに遊びに行ったとか、何かを食べに行ったとかをネットで見ると、自分はなんてつまらない人生なんだろうと思って、ますます自分がみじめになる。考えるのもイヤだから寝る。起きると夜になってて、一日を無駄にしたと思うけど、起きてたって特にすることはないから、別にいいかと思う。たまに泣きたくなる時もあるけど、こんな自分なんだからしょうがないと思って寝る。みんなと比べたってしょうがないことはわかってるんだけど、どうしても比べちゃうし、みんなが楽しそうなのは正直うらやましいし、たまに憎く感じることもある。どうしようもないんだけどね。

（高３・男子）

けっこう、きみと同じように思ってる人って多いと思うよ。ＳＮＳやネットなんて気にしない、気にしない。あそこには人に見られたいこととか、いいこと

私、そういうの見るのイヤだから、SNSやめちゃった。

最近、ゲームもオンラインで見ず知らずの人と一緒にできるんでしょ？　すごーい。

しか書かないんだもん。そんなのが集まってたら、うらやましく思って当然。たまに近所のカフェとか行って、ゲームやネットや読書をしてみてごらん。次はまた違うカフェで。図書館でもいいかもね。ちょっと気分転換になるし、一人でいる人なんてビックリするぐらいたくさんいるって気づくよ。

そういうふうに考えがちな時期ってあるよね。私は中学二年の時と高校三年の時と二六歳の時に、自分は周りよりもブスすぎて価値がないと、毎日思ってました。来年は思わないかも!?

なにか一つ習いごとをしてみるってどう？　英会話や中国語会話のレッスンでもいいし、楽器を習ってもいい。テニスや水泳などスポーツでもいい。今はどれも興味がないかもしれないけど、やってみると意外とおもしろいかもよ。新しい人とつながることもできるしね。興味がなくても、もしかしたら将来役に立つかもっていうものでもいい。別に完璧《かんぺき》マスターしなくたっていいし。

俺も昔はそうだったけど、勇気を出して自分から声をかけてみるようにしたよ。この映画おもしろそうだから、来週末みんなで観にいかない？　とかね。誰も賛同してくれない時もあるけど、たまに行くって人もいるよ。数打ちゃ当たる（笑）。

Q 12
question

貸した五〇〇円返ってこない（泣）

二か月くらい前に、みんなでボウリングに行った時、アヤコがお金持ってなくて五〇〇円貸した。その時はアヤコに「助かる。ありがと！」って言われて、俺も特に気にしてなかった。けど、その後、アイツ返してくれないんだよね……。俺もすぐに「返して」って言えばよかったんだけど、タイミングがうまく合わなくて、試験があったり夏休みがきたりしているうちに、二か月近くたっちゃった。アヤコ、もう完全に忘れてるみたいだし、こんなにたってから「あの時の五〇〇円返して」って言うのも、なんだかカッコ悪い気がする……。いまさらじゃね？　でもさぁ、アヤコの顔を見るたびに、五〇〇円返してもらってないの、思い出しちゃうんだよね。（中2・男子）

A
answer

そんなの全然カッコ悪くない！　今回の場合、たぶん相手は単純に忘れているだけだから、フツーの感じで言ってみたら意外とフツーに返ってくるかもよ？

「ごめーん、この前の五〇〇円、貸してたことすっかり忘れてた。返してもらっていい？」って気軽に言ってみよう。あとは「ケチくさくてごめん」って笑って言ってみるとか！　大切な五〇〇円が返ってくることを祈っています！

借りた側のほうが忘れちゃうんだよね、なぜか。

お金は、なんだかんだ後々もめるから、貸し借りってしないほうがいいと思うよ。

小学生のころに、ゲームの攻略本を貸したままで返ってこなかったの、いまだ覚えてるよ。あとは、付き合っていた人に貸したマンガとかCDとか、いまだに回収できていないもの、すっごいたくさんある（笑）。別れた後は口も聞けないくらい険悪になっちゃったから、もう全部「あげた」ことにしちゃっているけど……。

私は、信頼できる友だちだと思っていた人に、お金を貸したことがあります。「家族が病気だから、病院に付き添うためにバイトができない」「歩けないほど重症だから、タクシー代がかかる」という申し入れでした。その後、お金を返してくれずに音信不通になりました。こちらから心配して電話しようとはしましたが、お金の催促《さいそく》をするみたいになるので、気がとがめました。数年たってから、「実は、だましていました」と告白され、分割で返すと言ってくれました。「返してほしいとは思わない」と伝えるのが精いっぱいでした。お金の金額より、信じていた人に「カネヅル」だと目星をつけられる自分の甘さが情けなかったのです。もう前のような関係には戻りませんでした。

そう、貸したお金は、返してもらえば「めでたし」なんてないのですよ。

Q 13
question

金持ちの友だちがイヤな自分がイヤだ

ジュンイチのことを見るとイライラする。アイツ、ギターがうまくて大学生のバンドに入れてもらったんだって。しかも親が金持ってるから、プロの人のレッスン受けて。俺も軽音部でドラム叩いてる。もちろん家にはドラムセットなんてないから、教科書とか英語の辞書がドラム代わり。それでも親にうるさいって言われてんのに……。こんどアイツのバンドがライブハウスでワンマンやるんだって。軽音部みんなで観にいこうって盛り上がってるけど、俺は本当は行きたくない。みんながジュンイチをほめるから、俺はジュンイチのことが嫌い。そんな自分のことも嫌い。

（高3・男子）

A
answer

誘われたライブは、行きたくないなら、ガマンをせずにサボっちゃえ！ 理由は何でもいいと思う。「腹が痛くなった」とか「今、金がないから」とか、そんなんでOK。だって、どうせライブが盛り上がったら、さらにジュンイチのことを嫌いになるでしょ？ 誰かを嫌いになるのって、体力も精神力もすごく吸いとられるんだもん。せっかくの大切な時間なんだから、自分の気持ちがスッキリするようなことをしよう！

金持ちの家の人は、やっぱりうらやましいよ。

スタジオがついてる児童館もあるよ。

最後の「そんな自分のことも嫌い」って言葉、わかるなー。きっと、ほかのメンバーもそんな気持ちは少なからず持ってるよね。その気持ちをエネルギーにしちゃおう。今はセンスを磨く時期だと思って、できるだけたくさんのいろんなジャンルの音楽を聴こう。今ならネットでいろいろ観られるもんね。自分の好みじゃない音楽も貪欲《どんよく》にね。きっとそれが、その後の糧《かて》になるはず。こんどのライブも大学生のドラムテクニックを見にいくという目的にしてみれば？　ロックの雑誌インタビューで「昔の俺は教科書や英語の辞書を叩いていたんだぜ」って話している自分のことをイメージしてみてもいいね！

バンドやってて、お金持ちの子でいいギター使ってる子がいたけど、解散したよ。みんながんばってバイトしながらスタジオ入っているのに、その子だけ価値観が違いすぎて、みんなその子にヤル気がないと思ったみたい。お金持ちにはお金持ちの悩みもあるんだろうね。

Q 14

question

友だちが変わってしまったんだけど……

タケルと俺は小3からの付き合い。いつも好きなゲームキャラの話ばっかしてた感じで、あんまりクラスでも目立たないほうだった。いつも二人で「女子とかめんどくさいよな」って話してたわけよ。でも、中学入ってからタケルは、いきなりモテるようになって、見た目もチャラくなった。いつも女子に囲まれてて「タケルン」とか呼ばれるようになって、俺はもう見てらんない。俺の知ってるこれまでのアイツと全然違う。言ってることが違うじゃん！

（中1・男子）

A

answer

お前、ズルイぞ！　俺もモテたい‼　って言ってみな（笑）。

今までずっと一緒にいたヤツが、自分から離れちゃうのは、ちょっと寂しいよね。しかも言ってたこととやってることが違うとなると、なんか裏切られた気持ちになって悲しいし、腹も立つよね。その思い、タケルくんに言ってみた？　タケルくんもちょっと無理をしてるかも。きみに、そのどうにも止められない勢いを止めてほしいのかも。タケルくんにとっては今のタケルくんがずっと求めていた姿かも。それはタケルくんに聞いてみなくちゃわかんないよね。小3からの付き合いだもん、率直に聞いてみてもいいんじゃないかな。

でも、そんなモテ方でほんとにいいのかな～って思ったりもするけどね。

それって、ひょっとしたら「ジェラシー（嫉妬《しっと》）」？　今のタケルくんの、どこが気になるんだろう？　女子と一緒に行動しているところ？　モテてるところ？　考えるだけでムキーって腹が立ってくるかもしれないけれど、自分で自分のことを知るためには、いいチャンスかもしれない。ジェラシーの正体は、「もっとこうなりたい」と心のどこかで自分自身が望んでいる理想像なのかもしれないよ。

タケルくんは新しい自分を見つけたのかな。これまでの彼は「女子に興味がない」って話をしていた。きみもそうだった。でも、彼は変わった。そのことで、きみが「これまでのアイツと違うじゃん！」ってムカついたり、寂しく思ったりするのは、当然だとは思う。でも、人って変わるんだよね。タケルが「タケルン」になって楽しいなら、それはそれでアリじゃない？　そして、きみ自身はこれからどうなっていきたい？　変わってもいいし、変わらなくてもいいし、変わってから戻ったっていい。いろんな可能性があるよ。きみも、自分が好きなように生きていけばいい。おたがいの変化を前向きにとらえられたらいいね。

一口メモ

嫉妬（ジェラシー）ってやっかい

人はさまざまな感情をあわせ持っているよね。嫉妬っていう感情もその一つ。幼児でも嫉妬心を持っているんだよ。人間は成長する過程で長年かけて、さまざまな感情を調合して味噌やワインみたいに熟成させていくと、その人らしい味が醸《かも》し出されるの。嫉妬心というスパイスがないと、いい味出せないと思うよ。

嫉妬心とひとくちに言っても、その中身もさらに分類されるよ。嫉妬について連想することを挙げてみようよ。まず、人は他人の何に嫉妬するの？才能、スタイル、美貌《びぼう》、持ち物、家族、彼氏や彼女、友だち関係、処世術《しょせい》、センス、モテるかモテないか……キリがないね。

じゃあ、次に嫉妬を感じた他人に対して、しがちな行動は？　意地悪する、無視する、悪口を言う……。言っているだけで暗くなっちゃうよね。そんなことすると、自分が情けなくなり、自分のことが嫌いになってしまう。悲しくなる、生きていたくなくなる……。そう、実は嫉妬って、相手に向けているつもりなのに、自分に返ってくるんだよね。まるで“意地悪ブーメラン”みたいだね。

Q 15 question

どっちの味方？　と聞かれて困っています

吹奏楽部のなかが、今すごくもめていて大変！　コンサートの前なのに、もう練習どころじゃない感じ。おたがいを無視したり、悪口を言ったり、すごく雰囲気が悪いの。アイリはコンサート自体をみんなでサボっちゃおうと呼びかけてる。だけど、あたしは先輩たちが引退する前の最後のコンサートだから出たい。ちゃんと練習して、気持ちよく演奏して、先輩を送り出したい。でも、そう思っているのは、うちの学年ではたぶんあたしだけ。ほかの子たちはアイリに睨《にら》まれるのが怖くて、「一緒にサボるよね？」ってメールしてくる。アイリからは、「どっちの味方か、はっきりしてね」と言われた。でも、先輩のことも好きだし、お世話にもなったし。どうしたらいいんだろう？

（中2・女子）

A answer

どっちにつくにしても、あ〜大変そう！　これだけ仲の悪い部活が、それでも形を保っていられるのは、ある意味では奇跡。もうすでに、関わっている誰もががんばってきたんだと思うよ。

おそらく、あなたは、いろんな人たちの立場や気持ちを理解している「しっかり者」なんだろうね。だから、どちらの側ともつながっていて「板ばさみ状態」になっちゃ

そもそも何でもめてるの？

「私はアイリの敵でも味方でもない」と叫ぶ。

アイリって実は孤独？

ったってわけ。両方の立場から「わかってくれるよね？」と期待されているのかもしれないね。だとしたら、禁じ手もあります。

「もう、いいかげんにしろ！！！！！」とキレる。

「しっかり者」だと思われているあなたが、突然キレ出したら、みんな一瞬冷静になるかも。「アイツがそこまで言うなら、もう少し考えようか」なんて意見が出てくる可能性も大。普段おとなしくて、あまりキレるキャラだと思われていない場合には、この方法は特に有効。このゴタゴタな状況にうんざりして、いいかげんにしろと思っている人はほかにもいるだろうから、支持層（？）も出てくるはず！

　気持ちを押し殺して、大切な人たちを大切にできなくなるのってイヤなことだもん。状況が少しはマシになるように祈っています。

コンサートって先輩のためだけではなくて、自分たちの練習成果を発表するためでもあるんだよね。アイリを怖がってるほかの子たちと第三のグループをつくって、自分たちのためにコンサートに参加してみたら？

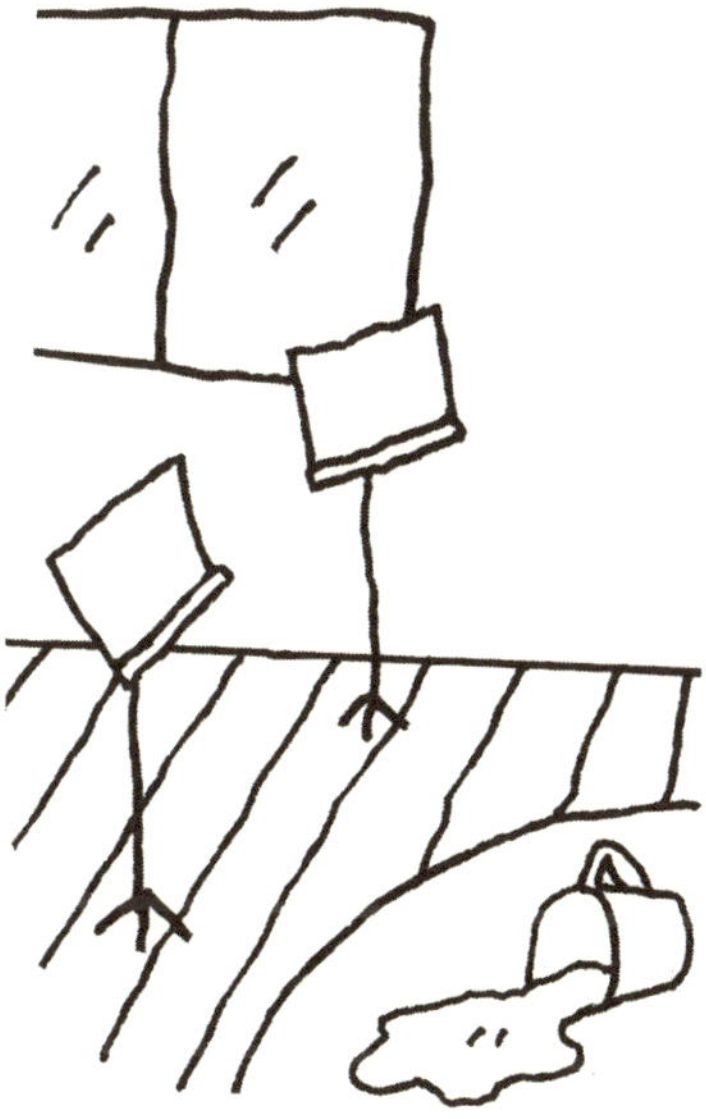

Q 16 question

A answer

「親友」って何だろう?

中学の時から、いつも一緒に行動している子がいます。その子は、私のことを優しいし頼りになるって言ってくれて、私も友だちにそう思われるのはうれしい。でも、放課後いつも付き合うのは疲れるし、メッセージをすぐに返さなきゃいけないのも、ときどき面倒だなって思います。たまには、新しい高校でできた別の友だちとも遊びたいし、一人になりたい時もあるけど、親友にこんなこと思ってしまう私は冷たいんでしょうか。

(高1・女子)

おたがいを親友って思ってる関係っていいよね! ただ、返信遅いってケンカになったり、なんで話してくれなかったのってキレられたり……。濃い付き合いだからこそ、ちょっとしたことがうっとうしいなーって感じることもあるのは、フツーじゃないかな。だけど、新しい友だちと遊びたいこと、一人になりたいこと、ガマンし続けたら、それこそ「親友」じゃないじゃん? 意外に、「ちょっと今日一人でいるねー」「今日、他校の友だちと遊ぶんだー」って言ったら、「そっかー」「いってらー」って、あっさり言ってくれるかも。

親友に「あたしだって超能力者じゃないんだから、言わなくちゃわからない」と言われたよ。

親友できるとすっごいうれしいよね。いつも一緒で、何でも話して。おたがい支え合って。心強いから頼りすぎちゃうの、反省。

親友がいなくなっちゃったらさみしいし、学校でどこに居ていいかわからなくなっちゃうから、ガマンして付き合いを続けてる子もいるみたい。そのうち、なんかもう全部めんどくさくなって、学校行かなくなっちゃうってこともあるみたい。そんなになるくらいなら、無理して今の親友とだけ一緒にいなくてもよくない？　進学したって、就職したって、新しく友だちができるもん。旅先で会った人が親友になったりもするしね。

大事な親友がいても、私は一人で過ごせるタイプ。でも、それが伝わってなくて、「なんで放置すんの」ってキレられたことがあったなー（苦笑）。親友は一人で過ごせないタイプだったみたい。だから、「私はマイペースだから、あまり気をつかえないけど、大切に思ってる」ってこと、（授業中）手紙を書いて伝えてみた。そしたら、それから親友も一人で過ごしはじめたよ。お昼を一緒に食べたり、一人で食べたり。ずっと一緒にいたり、話さない日があったり。クラスの女子のなかで浮いた二人になったけど、うちらは自由で、とてもいい関係だったと思う。この先も自分の周りにいる人と、いい関係をつくれたらいいよね。何歳になっても、友だちは友だちなんだ。

第4章

家族系

Q 01

question

毎日塾と習いごとばかりで疲れた……

僕はサッカー部に入っていて、週六ぐらいで練習があります。朝練もあります。地域のサッカークラブにも入っていて、部活が休みの日や週末に練習しています。部活の後、週三日塾にも通っています。あと英会話と書道教室にも週一で通っています。サッカーだけは自分がやりたいって言ったものだけど、あとは親に将来に役立つからやれと言われて。塾とかは終わりの時間が遅いので、いつも親が車で迎えにきます。お父さんはサッカークラブのコーチをしていて、外でも家でも練習の話ばかりです。最近、月曜日の学校がすごくダルくて授業中に寝てしまいます。たまに、すごく疲れて全部やめたい気分になります。でも親が一人っ子の僕に期待してくれているのもわかるので、それは言えません。

（中2・男子）

A

answer

ほとんど毎日、部活と習いごとの掛《か》け持《も》ちで、すごい忙しそう！　一日のんびりできる日はない感じ……。毎日気を張っていなくちゃいけないし、疲れちゃうよ。それを休まずやってきたんだから、すごいよ。ただ、自分の時間が持てないのは辛いよね。イヤだったら、はっきり言っちゃっていいんじゃない？　イヤイヤやっても意味ないよ。だって、あなたは親のためじゃなくて、自分のために生きるんだもん。

「もうこのままだと、どれにも自分の力が発揮できなくなるから、○○と××に集中したい」って言ってみたらどうかな？　自分で自分のことを考えられるようになったっていうあなたの「成長」は、親としてもうれしいかもよ。

「もう学校に行かない、行きたくない、行けない」って親に言ってみたら、どうかな？　これまですごくがんばってきた自慢の息子に、いきなりそんなことを言われると、親はビックリして、「学校は行きなさい」って言ってくるかもしれない。そしたら、「じゃあ、学校は行くから、○○と××の習いごとはやめる。今のままだと授業中ももたない」って交換条件を出してみよう。言ってもわかってもらえなかったら、寝込む、ご飯を食べない、学校や塾をむりやり休むっていう強硬手段もある。そもそも、義務教育の「義務」って、子どもが学校に行かなきゃいけない「義務」じゃなくて、子どもが教育を受ける権利を大人が守らなきゃいけない「義務」ってことなんだよ。

こういうのは「教育虐待」っていうんだ。学校の先生や保健室の先生に相談してみよう。

日本も批准《ひじゅん》した「子どもの権利条約」には、「子どもが休み、遊ぶ権利」っていうのがあるんだよ。

Q 02

question

門限が厳しい

うちの門限は六時。その時間を過ぎると、学校で部活してても、友だちといても、親から鬼デン。無視してたら、「何時に帰ってくるの」「誰といるの」ってメッセージラッシュ。とりあえず電話して、一緒にいる友だちに電話代わってもらって、女友だちといる証明をした。それがイヤで、このあいだはわざとケータイを家に置いて出かけた。したら六時一分から、うちのケータイでアドレス帳に載ってる友だち全員に電話かけて、キレまくったらしい。友だちは気にしなくていいよって言ってくれるけど、申し訳ないよ。最近友だちに聞いたんだけど、外出する時に、親から何をしにどこに行くのか追及されるのって、中学までで終わるらしい。うらやましいな。

（高1・女子）

A

answer

門限六時は、さすがにないよね。それって、過干渉ってやつじゃない？　ほかにももしかして、あの子と遊ぶなと言ってくる、一日の行動をすべて把《は》握《あく》したがる、勝手に進路を決めちゃう、持ち物チェックをする、なんてことがあるんじゃないかな。あんまり親の思いどおりにしすぎると、何をするにも、それが自分の考えなのか、親の考えなのか、わからなくなっちゃうかも!?

自分の場合、「どこ行くの？」って聞かれても「東京の方」、「誰と遊ぶの？」って聞かれても「友だち」って答えて、あんまり聞くなよって雰囲気出してたら、いちいち親に聞かれなくなったよ。

女友だちといるのを証明させられるって、そんなに信用されてないのかなって、悲しくなる！

ほかの親に会わせてあげれば？

親もあまり外の人との付き合いがなくて、世間の動きを知らないってこともあるんだよ。これからは、ときどき両親を誘い出して、深夜まで営業している郊外型スーパーや、イベント会場に連れ出すっていう作戦はどうかなぁ。小学生も、遅くまで遊んでたりするでしょ。そういう家庭もあるんだ、子ども同士でも案外安心な場所もあるんだってこと見せて、教えてあげる。そうやって、どこどこに六時半までならいいでしょっていうふうに門限の時間を遅らせて、慣らしていく作戦が成功したって子もいたよ。

親が信頼している人、たとえばおばあちゃんとか、ママ友みたいな人のなかで、冷静に諭《さと》してくれる人っていないかな。誰かあなたの味方になってくれる第三者がいる時に、「勝手に友だちに電話したり、あれこれ一方的に決めるのはやめて」って言ってみたらどうかな。ほかの人の力を借りることも考えてみて。

門限については、よその家の話すると必ず、「うちはうちだから」と言われるよね。家族のルールだから、ほかの家のルールをもちだすと、逆に親の怒りを買うことになりがち。親の育った環境も影響していると思う。外での食事は禁止っていう子の家は、父親も母親も、外食したことがないっていうんだよ。お祭りや縁日の食べ物も不潔だから禁止なんだって。えーっ、信じられないって思うけど、その家のルールは、人がとやかく言うことではないものね。

Q
03
question

どの親でも、きょうだいのなかでひいきするんですか？

お姉ちゃんは要領がよくて、いつも怒られない。同じことしたら、私は怒られる。お姉ちゃんムカつく。顔も似てるんだけど、お姉ちゃんは化粧がうまいから、かわいく見えて男にもモテる。お姉ちゃんが男と遊びに行く時も、私は親にバレないようにしてあげたり、洋服だって貸してあげるのに、感謝すらされない。だから、たまにお姉ちゃんが彼氏にもらった指輪隠したりするけど、それもスルーするから、よけい腹立つ。お父さんは、お姉ちゃん大好き。甘えて腕とか組まれて、バッグとか買わされてる。私がマネしてねだっても、お前にはそのうち買ってやるとか言って、放置される。子どもがかわいくないってありますか。

（中3・女子）

A
answer

身近なところでひいきされちゃうのって、けっこう辛いよね。お母さん、おじいちゃん、おばあちゃんはどうかな？　あとは年齢によって許容《きょよう》度《ど》も変わってくるかも。あなたが今のお姉ちゃんと同じ年齢になったら、お父さんの反応も変わってくるかも。まずは、お姉ちゃんのお願いを断ってみては？　いじわるじゃなくて、あなたがお姉ちゃんを甘やかさないということで。

何でも一人でできるってポジティブに考えたらいい。

あこがれの先輩ができたら、気にならなくなったよ！

それはムカつくだろうなぁ……。ときどき、いじわるしたくなるのも当然だよ！
比較って、するのもされるのも辛い。お姉ちゃんは世渡り上手で、大人になってもそんな感じでやっていけちゃう人なのかもしれないね。でも、きっと周りでやりきれない思いをする人が、あなた以外にも現れてくるのかもしれないね。

家が自分にとって居心地が悪かったり、家のなかで自分の身分（？）が低いっていうことは、愛されていないこととは違うんじゃないかな。自分が望んでいるような仕方で愛してもらえるとはかぎらない。ドラマとか、友だちの家のやり方と、自分の親との関係が違っていたとしても、それはそれと割り切れるのがいちばんラクだけど、なかなか難しいよね。

家族とは一生付き合っていくものだけど、それがすべてではないよ。将来、家を出て幸せに暮らすこともできるしね！　あなたのよさをわかってくれる人も必ずいる。むしろ、わかってくれる人と一緒にいればいいよ。ムカついた時は、人がどうだこうだというよりも、自分の得意なこと、カッコよかったり、いいヤツだったりするところを思い出してあげて!!

Q 04
question

ケータイ解約しろとか、家出てけとか

お母さんがママ友から話を聞いてきて、「ケータイは出会い系サイトにつながると危険だから、解約する」って言いはじめた。めっちゃ成績上げて、せっかく手に入れたケータイなのに。言われたとおり、一〇時以降は使ってないし。「危険じゃない使い方するから」って言っても、まったく聞く耳持ってくれなくて、取りあげられた。それから三〇分ずっと説教。耐えられなくなって「そんなに信用されないなら、こんな家出てく」って言っちゃった。したら、「だったら、もううちの子じゃない。出ていきなさい」って怒鳴られた。「どうしよ」と思いつつ飛び出して、泣きながら親友んちに駆けこんだ。でも、すぐに電話が入り、お父さんが迎えにきて、「ほんとに出ていくなんてバカか」って叱られた。そっちが出てけって言ったくせに、なんなんだよ。もう、どうしたらいいかわかんない（泣）。

（中2・女子）

A
answer

そんなすぐに親の意見がコロコロ変わったら、こっちもどうしていいかわかんなくなるの、わかるなぁ。ケータイだって、ちゃんと使ってたのにね。けど、ケータイってちょっと難しいよね。いい面もあるし、逆に付き合い方しだいで、大人にとっても危険なこともある。実際に、ネットで情報交換した女友だち（と思ってい

お父さんはどう思ってるんだろ。ちょっと聞いてみたら？

本気じゃないのなら、これからは「出てけ」だけは言わないで、って親に言っておこう。

親も、もっと信じてくれてもいいのにね。

た人）が、実は男の人で、ストーカーにあったり、誘拐《ゆうかい》されたり……そんな話聞くと、怖いよね。お母さんも、あなたを守りたいから「禁止」しなきゃっていう気持ちになったのかも。

いい機会だし、ケータイルール（注意事項、フィルタリング等）を家族で考えてみるのもいいかも！　せっかく成績アップして手に入れたケータイだしね。ケータイルールは家族によっても違う。夜九時以降は、家族全員のケータイをリビングに置く決まりの家もあれば、ＬＩＮＥなどを家族がおたがいに見られる設定にしている家もあるらしい。中学、高校と進級する時に、年齢に応じてルールを変えていけばいいんだと思うよ。

一人になる空間や時間は大切だよね。頭に血が上ると、おたがい思ってもいないこと言っちゃうこともある。こんどは、「これ以上話しても炎上するだけだから、ちょっとコンビニ行って頭冷やしてくる」って言ってみよう。長引くようであれば、いとこんちやおばあちゃんちに泊まりに行って、いったん気持ちを落ち着けるのもいいかもね。

もしかして、ケータイのことだけじゃなくて、いろいろあって、もう家に住むのはイヤだ、って思ってる？　何かの事情で家に住めなくなった時、未成年でも住める場所があるよ。子どもの人権に詳しい人に相談したり、紹介してもらったり

できるから、まずは信頼できる人に事情を話せるといいね。一人だと不安も大きくなると思うから。

一口メモ

子どもの人権に詳しい人って？

「ちょっとおかしいんじゃないかな」「どう解決していいかわからないことがある」そういう時は、子どもの人権に詳しい人に力を借りてみよう。弁護士会の人は子どもの話を聞いて力になってくれるよ。最寄りの子どもの人権110番・弁護士会に電話すればいいんだって。場所によっては弁護士会以外にも、人権オンブズマン・擁護委員という人がいて、手助けしてくれることもあるんだって。知識のある人と一緒に、これからどうしていくのがいちばん自分にいいのか、考えてみるのもいいかもしれないね。あっさり解決したり、自分が思ったより難しい状況だったりするかも。
※家に住めない時に、住むところを紹介してくれる窓口でもある！
例）　子どもの人権110番（東京弁護士会）
03-3503-0110　（会って話せます〈予約してね〉）
月～金曜日　13：30～16：30　17：00～20：00
土曜日　13：00～16：00

Q 05
question

彼氏を年三回変える母親ってどうなの

お母さんはシングルマザーで、お父さんの顔は写真でしか見たことがありません。お母さんは、工務店で働いてて、小学校のころは職場の男を家に連れてきて、ご飯を一緒に食べてました。でも、その人がこなくなったら、次に、違う男に旅行とか外食に連れてかれてました。さすがに、いろいろ気持ち悪くて「一緒にいたくない」って言うと、よく留守番させられるようになりました。最近、また違う男と付き合いはじめました。結婚する気はないのか聞くと、もう結婚はこりごりって。「だったら、家に連れてくるのも、旅行いくのもやめて」と言うと、「子どもに言われたくない、恋愛は自由だ」と答えます。こんな母親嫌いだし、相手の男と家で二人になる時があってイヤです。

（中2・女子）

A
answer

家に知らない男性がいるのは落ち着かないでしょ。恋愛は自由だけど、あなたに迷惑がかかってはいけないのでは？　お母さんと、恋愛のルールを決めるのはどうかな。相手の男と二人にさせない。家に連れてこない。目の前でイチャイチャしない。旅行も、年に二回（？）まで。家を空ける時は緊急連絡先を教えておく……なんて決まりごとがあったらいいね。

留守番中に私がいきなり病気になったらどうするの！

友だちが目の前でイチャイチャするのも、あんま見るのヤだな。

旅行の時は生活費を置いてってほしいよね。

お母さんは、恋愛にはダメダメなタイプなのでしょう！　お母さんはきっと「お母さん」だけをやってるわけじゃない。でも、お母さんだって、あなたのことをこれっぽっちも考えていないわけじゃなくて、少しぐらいは悩んだり、これでいいのかと思ったりしてるんだと思うよ。親子だから近すぎて、離れられなくてイヤになっちゃうけど、親子だって、やっぱり他人。好きになれないことだってあるよね。だとしたら「これは人間観察なんだ」と、気持ちだけでも少し離れて眺《なが》めてみるのはどう？　それでもやってられない時は、ピシャリと説教しましょう！

なーんて、あなたがまるでお母さん役みたいだね。とほほ。

食べることについて心配するのは周りの大人の責任だよ。留守番の時、ちゃんとご飯食べられてる？　もしそうじゃなかったら、生活落ち着かないよね。そういう時は、親以外の人を頼ってみよう。おばあちゃん、おじいちゃんに料理を習ってみるのもいいね。せっかくだし、自分磨きしちゃえ！　ただ、どうしようもなさそうな状況なら、場合によっては別に住む方法もあると思うよ。

Q
06
question

離婚したあと貧乏になったんだけど

前のうちは大きくて、けっこうお金持ちでした。でもパパが浮気したらしく、ママはパパが許せないって言うので、私は同情して一緒にママの実家にいます。おじいちゃんたちの年金頼りの生活になって、貧乏だし、転校先にもなじめないし。おじいちゃん、厳しいから好きじゃないし。正直、毎日後悔。ママは学歴なくて、必死にパート先探し。これからいろんな資格を取るとか言って勉強を始めたけど、正直いまさら？って思う。パパんとこにガマンしていてほしかったです。もう会ってもくれないなんて、パパも冷たいよ。だから嫌い。戻るのもイヤ……。高校に行くお金はどうなるのかなぁ。ママとパパの間に生まれなければよかった。

（中1・どっちでもいい）

A
answer

生活がここまで一気に変わっちゃうと、あなたの心もからだも落ち着かないよね。これからのことも心配になっちゃうよね。どんなことが心配なのか、お母さんやおじいちゃんたちにちゃんと話してみてもいいかもね。それか、ほかに相談できそうな人はいるかな？　友だちのお姉ちゃんとか、隣の家の人とか、家庭教師とか。それに学校の先生、児童館の人、役所の窓口の人、どこかの電話相談でも。いろんなアドバイスをもらいながら、自分の今後の計画を自分で立ててみて！

学力や技術、特技はお金を生み出すために大切な武器。社会を生きぬくために必要な武器を一つでも多く持ちたいところだね。

ちゃんと自分たち（子ども）の話を聞いてくれる弁護士さんとかもいるよ（電話相談は一五五ページ）。

お父さんから養育費はきちんと支払われているのかな。お母さんに聞いて離婚した時の取り決めを確認して、ちゃんと払ってくれていなければ、家庭裁判所に言ったほうがいいかも。でも、なんで振り回されなきゃいけないのって感じだよね。

きっとお母さんも今、必死なんだと思う。お父さんに裏切られちゃったのも、とってもショックだったと思うし。もちろん、あなたもショックだったよね。でもお母さんは新しい道に向かってがんばってる。そこは応援してあげてほしいな。

ほかの同級生は親に頼りっきりでお金の心配がない環境だけど、あなたは環境が変わった。自分にどのくらいのお金がかかっていて、どのくらい親に頼るのか、考えるいいきっかけかも。ほかの同級生は何のために、どうやって高校に行くのか、考える機会もないんだもん。数年先を行ってる！　ピンチをチャンスにっていうじゃない？　生活するお金が足りなかったら、生活保護や学校へ行くための奨学金を受けるという方法もあるよ。めんどくさい手続きとかもあると思うけど、世の中の仕組みがわかれば、この先、今よりもスムーズに生活できると思うよ。

ついていくほうじゃない親に、子どもが「養育費」を請求することもできるよ。

column

離婚ってどういうこと？

離婚って、大人の話で、子どもに関係ないって思われているけど、おかしな話だよね。ちょっと難しいかもしれないけど、説明するね。離婚には三通りの方法があります。

①協議離婚：話し合いにより夫婦が離婚に納得し、「離婚届」を書き入れて市町村の役所に提出すれば離婚は成立します。

②調停離婚：未成年の子どもがいる場合「親権者」を決めなければなりませんが、話し合いがまとまらない場合は、裁判所に申し出て、家庭裁判所による「調停」という方法になります。「調停委員」に相談にのってもらい、両親の話し合いの間をとりまとめてもらいます。その結果、「離婚届」を本人たちが出します。

③裁判離婚：調停でも話し合いがまとまらない場合「不成立」となり、離婚を求める側が訴訟を起こし、裁判になります。ただ、こうした例は、財産や相続の問題と重なることが多く、おたがいに弁護士がつくことになります。子どもの親権や養育費などについては、子どもの立場をもっとも尊重するはずなので、心配する必要はありません。

夫婦が離婚する時は、どちらかに「親権者」を決めなくちゃいけない（離婚届の親権者欄に記載）。自分の親権者が誰になるのか！（どっちについてくか、お金は誰が出すか）っていう将来にも関係するような、大切なことを決める。だから、自分はどうしたいか考えて、ちゃんと伝える権利が子どもにもあるんだってこと（子どもの権利条約）は、覚えておこう。

Q 07 question

A answer

これって虐待ですか？

僕の友だちのことなんですが、半年前に転校してきてすぐに仲良くなりました。無口だけど、いつも笑顔で、人のイヤがる掃除なんかも進んでするし、道に迷ったお年寄りを家まで送ったりするところがカッコいいって思います。でも、家の手伝いとかで勉強があまりできないみたいだから、たまに教えてあげています。気になるのは、着ているワイシャツが汚れてたり、頭髪が伸びて汚いこと。朝から、おなかが鳴っていることもあります。近所の友だちの話では、お父さんがお酒を飲んで暴れていることが多く、暴力を振るわれてたお母さんは出ていって、ご飯もつくってもらえず、「虐待されているらしい」って言います。心配なので本人に聞いてみたいけど、切り出しにくい話です。聞いたとしても、どうしてあげることもできないし……。（中3・男子）

友だち、いいヤツなんだね。たしかに虐待のことは聞きにくいし、話し方が難しいよね。テーマとしても深刻だし。だから、小さなことでも、その友だちが喜んだり、ほっとしたりすることを見つけてみたらどうだろう？　こんどの日曜日、うちで一緒にご飯食べようぜ、って誘ってみるとか。本当に虐待だったとしても、何かを相談するのには勇気がいる。学校で毎日会える友だちがいるのは心強いね。

あなたのお友だちは、ネグレクト、さらにお母さんへのドメスティック・バイオレンス（ＤＶ）が気になりますね。でも、直接あなたが聞くと、友だちには心配かけたくない、また恥ずかしいという思いから、隠してしまうこともあります。この問題ばかりは、大人が介入しないと改善できません。まずは学校の教育相談や保健室、または役所の相談窓口で、知っていることを話してください。そのことで、あなたが友だちから責められたり恨《うら》まれたりしないように、配慮のお願いもしてください。相談できるところは必ずあります。

長い髪は、一〇〇〇円カットで整髪して。ワイシャツは、汗染みがつきやすいから、洗う時に漂白して。と、なるべくお金をかけずに清潔に暮らす工夫が必要だね。一人暮らしの家事のコツは、ネットのまとめサイトとかにものっているよ。

一口メモ

児童虐待は以下のように４種類に分類されます

①身体的虐待：殴る、ける、投げ落とす、一室に拘束するなど
②性的虐待：子どもへの性的行為をしたり見せる、ポルノグラフィの被写体にするなど
③ネグレクト：家に閉じこめる、食事を与えない、ひどく不潔にする、病気になっても病院に連れて行かないなど
④心理的虐待：言葉による脅し、無視、子どもの目の前で家族に対して暴力を振るう（ドメスティック・バイオレンス）など

Q 08
question

親が学費出さないって

大学に行こうと思って、一応受験勉強をしていました。最近、親とぶつかることが多く、その時に必ず、言うことを聞かないと大学の学費を出さないと言われます。自分も別にやりたいことがあるわけではないし、あきらめようと思いました。自分の学校の子は八割大学に行くから、なんとなく自分も行くのかなと思ってただけだし。残りの二割は専門学校に行くけど、調べたら大半が、大学と同じぐらい学費がかかることがわかった。大学あきらめて、自分、何すんだろ。仕事すんのかな。将来が不安だな。

（高2・男子）

A
answer

学費が問題なら、公立や国立の安い学費の学校を選ぶのもいいかも。それに、奨学金制度を使って大学に行く人もいるよ。奨学金について知りたければ、高校生までは都道府県ごとに教育庁、教育委員会などに窓口があるよ。高校を卒業した後は、日本学生支援機構が奨学金についての情報をまとめているよ。あとは、入る学校によって独自の奨学金があり、学生支援課のあたりに貼紙があったりするから、いろんな情報をゲットしよう。学校とかが出してくれる給付奨学金が使えれば、大学の学費が免除になることもあるよ。奨学金といっても借金だから、背負うのイヤってい先生になろうと思ってたけど、大学在学中に違うなと気がついた。自炊できなきゃダメだなと思って始めた料理を極めたくなって、寿司屋修行することになった。

大学に行かなくても、今まで勉強してきたことは人生の強みだよ。

親も本気で言ってるのかな。

う人もいるけど、自分への投資という考え方をすれば気持ちがラクだよね。

大学に行かせてもらえず凹んでいたけど、高卒後の就職先でいろんな資格を取って、給料がアップし、親に感謝されているって言う人もいる。今は、その会社のなかでも優遇してもらえているんだって。高卒で働いたけど二五歳で仕事をやめて専門学校に通ってるって人の話では、大学卒業した後輩が入社してきて、仕事あまりしないのに自分より給料が高いのを知り、やってらんないと思って一念発起《いちねんほっき》し、資格を取るため猛勉強中なんだって。ライバル心も、進学意欲につながるんだね。

専門学校にしても大学にしても、進学する目的がはっきりしてないから、親を納得させることができないんだよね、きっと。でも、あきらめても仕方ないという後ろ向きな考えで進路を決めると、うまくいかなかったりした時、親のせいにしがち。まぁ、進学の理由なんて曖昧《あいまい》な人も多いけどね。将来を今決めたくないから、あと何年かの猶予《ゆうよ》期間、と考える人も少なくないみたい。まだ遊びたい、一人暮らしがしたい、バイトしたい、サークル活動したい、等々。自分は、これからどうしたいのか考えるための、いい機会だと思うよ。逆に、学校が嫌い、一人暮らしがしたい、今すぐお金を稼ぎたいって理由で働く人もいるし。

Q 09

question

バイト代はすべて家に入れています

私は高校を卒業してから就職しましたが、職場でのいじめにあい、体調も崩したので辞《や》めました。うちは母子家庭で、私の下に妹と弟がいます。母は体調がよくなく、あまり働けないので、生活保護を受けています。私が週五のアルバイトで得たお金もすべて家に入れています。ただ、私も自分のことにお金を使いたい時もあるのですが、それを言うと母は怒ります。早く家を出たいと思っているのですが、母の怒りや妹弟のことを思うと、それもできません。私は、この先どうしたらいいのでしょう。

（18歳・フリーター・男子）

A

answer

大変な状況だね。下の妹や弟のことを考えると、この状況はどうにかできないかなって思うよね。でも、三人も養うのは四〇代の大人でもけっこう大変なことだよ。厳しい状況にいる人は最近増えていて、いろんな人がさまざまな形で応援してくれるよ。生活が苦しい人の相談にのってくれるところもあるから、お母さんとも一緒に情報を集めたり、相談できる人や場所を探してみよう。

お母さんにも、怒らないで冷静に状況を考えてもらう必要がありそう。

妹、弟、親、すべてにかかるお金を、あなただけが払わなくてもいいんじゃないかな？

家計のことも心配だと思うけど、あなたの人生はあなたが主役です。

家庭の状況を考えた時、まずお父さんにあたる方は、今どうしてる？　死別したの？　離婚して生きているなら、取り決めどおりに（または変更をして）子どもを育てるための費用を支払ってもらえるはず。（支払われていないのなら、お父さんが住んでいる地域を担当する家庭裁判所に申し立てることができます。）もし、亡くなっているのであれば、祖父母や親せきを頼るってことも一つ考えられないかな。あなたのお父さんとお母さん、おじいさんとおばあさんなど、直接血のつながった親族やきょうだいは、おたがいの生活を経済的に支え合わないといけない「扶養《ふよう》」の関係なんだよね。

生活保護の担当の相談員（ケースワーカー）さんは話ができそうな人ですか？　生活保護の担当の方以外にも、生活保護支援（法律家）ネットワークというのが各地にあって、電話相談などをしています。今後どのように生きていくのか考えるために、いったん今の状況を、法律に詳しい人と整理してみるのはどうかな。自分では思いつかなかったやり方があるかもしれないよ！

首都圏生活保護支援法律家ネットワーク
生活保護に詳しい人にいろいろ聞くことができるよ。ここ以外にも全国に電話相談窓口があるよ！
最寄りの窓口に電話してみよう。
048-866-5040　月～金曜日　10 ～ 17 時

一口メモ

家に住めない！　お金がない！

もう家に住めない、でもどこに行ったら……。一人で暮らしたいけど、お金が……。そんな時に応援してくれる人が全国にいる！　身近な人に出会えるといいね！

社会福祉法人カリヨン子どもセンター
03-5981-5581
HP は〈http://www.carillon-cc.org/〉
ブログは〈http://blog.goo.ne.jp/carillon-children-center〉
安全に生活できる子どものシェルター（緊急避難所）や、一人暮らし可能なお金がたまるまで生活できるホームがあります。利用してくれた子ども向けの奨学金も！
※子どものシェルターは全国に 14 か所！　ほかにも全国 107 か所の自立援助ホームは、15 〜 20 歳の家がない、または家にいられない人が住めるんだって（月に３万円程度の寮費〈食事込み〉が必要）。

認定 NPO 法人自立生活サポートセンター・もやい
もやいホットライン　03-3266-5744
（毎週火曜日　12：00〜18：00　金曜日　11：00〜17：00）
HP は〈http://www.npomoyai.or.jp〉
生活が苦しい人の応援をしています。電話相談、面接相談（予約制）や福祉事務所での生活保護申請に同行するなど、公的サービスの利用をサポート！　土曜日はカフェをオープンして、いろいろお話ができます。

Q 10

question

A

answer

ほかのきょうだいに孫を産んでもらえば？

期待はずれな子どもで、ごめんなさい……

今まで私は勉強もちゃんとして、家の手伝いもして、いい大学にも入って、すごく「いい子」で育ってきました。両親は、「お前は自慢の娘！　あとは就職したら早めに結婚して、早く孫の顔を見せて」って言うけど、その期待には応えられそうにありません。私のパートナーは女性なので、日本では結婚できないし、子どももできません。私は両親が大好きなので、その期待に応えられないことにとても罪悪感を抱きます。どうにもならないことはわかっていても、両親の悲しむ顔を思い浮かべると、たまに涙が出てきます。こんな私はやっぱり親不孝ですよね。

（19歳・大学生・女子）

女性が女性を好きになっても幸せに生きられるよ。同性カップルの存在をちゃんと認めようという条例ができた街もあるように、日本も変わってきているんだし。でも、親の悩みって終わらないよね。

いやいや、そうやってご両親のことを思っている時点で、すでに親思いですよ。結婚や孫に関しては、ご両親の期待に応えられないかもしれません。でも、あなたはご両親にとって「自慢の娘」。つまり、すでに十分に恩返しもしてきたわけで親だけど、あなたが一生懸命、今を楽しんでることが私のいちばんの幸せです。

あなたの人生はあなたが主役です。

す。きっとご両親の最大の願いは、あなたが幸せであること。ご両親だって子育ては試行錯誤《しこうさくご》してきて、これでよかったんだろうかと不安もあることでしょう。あなたが自分の人生を振り返って、今のあなた自身を見つめて、ご両親の期待とはちょっと違っていても、「今、私は幸せです。ありがとう」って言えれば、それで十分なのではないかと思います。

女性のパートナーがいること、両親を悲しませたくないためにあなたが悩んでいること、あなたのご両親はおそらく全然知らないんだよね。そんなこと考えてみたこともないまま、毎日一緒にご飯を食べたり、テレビを観たりしてるのかもしれない。親といえど、子どもが何考えてるのかなんて想像もつかないもんね。同じように、子どものあなたにも、親が何を考えているのかなんて想像つかないかもよ。だから、たぶんこうしたら親不孝になるんじゃないかと先回りしても、親のほんとに考えてることとはズレてるかもしれないよ?

親の幸せのためになろうとしすぎると、自分の人生を自分で決めることができず、あとで親に文句を言いたくなってしまうのでは? 早めに実家暮らしをやめてみたらどうかな? フツーにいけば、親よりあなたのほうが長生きすると思うし、親のことを今までよりも少し軽く考えたほうが自分を大事にできるかもね。じゃなきゃ、いつか爆発しちゃいそう!!

第5章

進路・社会系

Q 01 question

A answer

学歴なくてどうしよう

「自分バカだから」「頭悪いからダメだよー」がログセ。大学行く頭ないしー。高校やめちゃったけど、どうしよう……ヤバイかも……。

（17歳・無職・女子）

どうしよう……ヤバイかも……の中身を分析！　わからなくて不安になるのは、将来のこと？　仕事のこと？　お金？　親との関係のこと？　毎日どこで誰と時間すごすかってこと？　っていうか、そうやって探っていくと、もっと不安になっちゃうけど、なんかわかってくるかも！

職人さんとかになるのであれば、学歴はあまり関係ないかもしれないけど、会社で働く場合は注意が必要。中学を卒業してそのまま就職するのと、大学に行ってから就職するのでは、給料がかなり違うよ。働ける会社も少なくなるしね。逆に職人さんとかになるのであれば、中卒からじっくり修行したほうが早く技術を身につけることができるよね。

　高校を中退、退学した人で進学したい場合は、高卒認定試験というのを受けて合格したら、専門学校や大学の受験ができるようになるよ。中卒だけど、認定してもらって専門学校を卒業したら、履歴書《りれき》には専門学校卒業と書けるわけ。

やりたいこと≠仕事。

今から勉強しても遅くないよ。

学歴は、社会を生きぬくうえで自分を守る武器の一つ。自分が努力してきたものを形として示すことができるやり方として、どんなものがあるといいのか、整理してみるのはどうかしら？

学校やめて何もしてないのって、ちょっとヒマをもてあますよね。親にもいろいろイヤミ言われそうだし、自分も何かやっていたほうが落ち着くってこともあるしね。とりあえず、できそうな仕事をしてみたら？　バイトでも全然いーんじゃない？　お金を稼ぐのが目的でもＯＫ。いきなり「やりたいこと」っていうのもわかんないかもしれないしね。逆に、とりあえず働いてみたら、自分に合うか合わないかわかるしね。仕事してみたら、もっと勉強したい！　とかって思うことが出てくるかもよ。それから学校に行ってもいいよね。専門学校とか、定時制高校とか。

自分が将来何をしてお金を稼ぐか、これから決めるのであれば、高校に行きながら考えるっていうのも悪くないと思うんだけどな。毎日行かなくても大丈夫な通信制高校とか、学校じゃないけどいろいろ話したり学んだりできるフリースクールも、けっこうあるみたい。いろんな人に会って、いろんな話をしながら決めていくのもいいよね。

Q 02 question

将来の夢、全然ない

そろそろ進路を決めなくちゃいけないんだけど、将来の夢が全然ない。周りの友だちは「留学がしたい」とか「リハビリの療法士の資格取る」とか、しっかり考えてるのに、自分は特にこの仕事がしたいっていうのもない。ケンタは料理人を目指してて、俺は好きなもの仕事にするんだって。カッコいい、うらやましいなぁ。好きなもの、何だろう……。自分は絵を描くのが好きだけど、これを仕事にするのって、すっごい努力しなきゃできないことでしょ？　自分みたいなテキトーな気持ちのヤツが、絵で食っていくなんて無理だよなぁ。美大に少しだけ興味があるけど、親から「そんなの何の役に立つんだ」って言われるのが目に見えてる。経済学部？　商学部？　何の学部があるのかもよくわかんないよ！

（高2・男子）

A answer

将来の夢なんてさ、そう簡単には見つからないよ。まずは、自分のできることとか得意な分野で進学先やコースを選んでみたら？　そこにどっぷりつかってみて、あれ？　なんか違う、と思ったら進路変更したっていいんだし。進学じゃない進路が見えてくるかもしれないしね。わかんないから何にもしないっていうよりは、わかんないけどいろいろ手を出してみたっていうほうが、自分の得手《えて》・不得手を把握一つの職業を続ける人って今は少ない。転職たくさんする人も増えてるよ。

いつか夢ができたら、かなえるためにがんばるのもいいんじゃないかな。

大学行けば四年間、そのことを考える時間ができるって話もある。

せっかく興味あるなら美大のことを調べてみよう！

する判断材料になるかもね。

卒業した先輩たちが、どんな進路に進んで、どういう勉強をしているのかを、聞いてみたらどうだろう。オープンキャンパスみたいに、大学や専門学校に実際に足を運んでみて、そこの先生や学生に話を聞けるような機会もあるよ。実際に足を運んでみると、「なんとなく、ここはイヤだなぁ」とか「ここはカッコいいな！」「ノリが合いそうな雰囲気だな」とか、感じることが出てくるかもよ。絵が好きなら、絵を描くだけじゃなくて、マンガやイラストを扱う会社で働くとかの選択肢《せんたくし》もあるかも。そう考えたら、学科の幅も広がってくるよね。

オープンキャンパス、みんなの感想

- ・学食が豪華で、ご飯が白米と玄米から選べる
- ・先生が先生っぽくない
- ・卒業後の就職先の傾向がわかった
- ・緑が多くて気に入った
- ・授業が忙しいらしい
- ・都会すぎて落ち着かない
- ・猫がいる
- ・敷地が広大
- ・牛がいる
- ・高層ビルで驚いた
- ・ケータイが圏外だった
- ・図書館が大きくてきれい
- ・実験してる学生がカッコよかった
- ・駅から遠い
- ・高校の授業よりめっちゃ楽しかった
- ・やる気がありすぎる

Q 03

question

彼氏が今のバイトやめろって言ってくる

私は「JK」お散歩で、そのお店のなかでは一番くらいに売れてる。カナと入ったけど、カナは警察と親が怖くてやめて、今は一人。彼氏は、最近私がその仕事をしていることですごく怒って、別れるとか言ってくる。「カナもやめたんだし、お前もやめろ」とか言ってくる。は？　実際稼いだお金は、デート代にほとんど使ってるのに、お前にやめろとか言われたくないんですけど。でも、今ぐらい稼ぐにはこの方法がいいんだけどなぁ。

（高1・女子）

A

answer

彼氏と同じバイト先にすれば？　稼げるし、一緒にいられる！　新しいときめきも生まれるかも⁉

彼氏としては、自分の大切な彼女が、知らない人に性的な目で見られたり、さわられたりすることがとてもイヤなんじゃないかな。それに、やっぱりそういう仕事って、危険な目にあっちゃうかもしれないってリスクがあるもんね。それも心配してるのかも。デート代おごってもらってることには甘えちゃってるっぽいから、そこは彼氏に反省させて。

デート代を全部あなたがもってるってことなのかな。そしたら、けっこうがんばってるよね。お金払ってよって言いづらいのかな。これからも同じように付き合っていくなら、お金が必要だから仕事をやめられないって、話し合うのはどう？

JKお散歩してるから別れるの？

逆に、彼氏がホストしたら別れる？

もし二人でもめそうだったら、カナも一緒に話し合いにいてくれると心強いかも。カナがもしいてくれて、どっちかの味方になりすぎないようにしてくれたら、彼氏も話しやすいよね。

私の場合は、どっちがもつとか決めてないけど、デート代は店ごとに交代交代で同じ金額ぐらい払っているよ。一円単位まで割り勘ってなると、おたがいめんどくさいよねってことで、この方法に落ち着いたんだ。金銭感覚ってことなのかもしれないけど、価値観共有できる相手と一緒にいる時がいちばんラクかもね。

お金がなくったって楽しくデートはできるし、そういうのを一緒に楽しめるほうが、きっと関係も長く続きそうじゃない？　お金かかんないで楽しめる場所、私けっこう知ってるよ！　オススメの0円デートはこちら――。

◎電気屋さんデート：TVとか電子レンジ、スマホの最新機能チェック！　薬局、マンガコーナー、安いお菓子があったり、行くだけでポイントためられたりするよ。

◎デパ地下：珍しい食べ物があったり、試食ができるかも！

◎公共の施設：美術館、遊園地とか、学割で入れるところも！　スポーツセンターは卓球とかできる！　図書館の映画DVDが置いてあるところは、まん喫みたいに二人で観られるよ。児童館でも中高生向けのところができてきてるんだって。

◎自転車デート：いろんな公園や神社仏閣《ぶっかく》をめぐってみたり。夕日絶景ポイント探しとか楽しいよ！　高いビルを探して無料で絶景！

外国の人からは、そんなＪＫビジネスのある日本を異常な国だと言われたり。

もっと安全に働ければいいのにね。

column

「女子高生」は売れる⁉

日本では、「女子高生」っていう時期に価値を感じてる人がかなりいて、それが商売になってる（ＪＫビジネス！）。制服が数万円で売れたり、デートしてお金を払う人がいるんだね。女子高生や高校中退生が店員として雇われているＪＫカフェ、ＪＫお散歩、ＪＫリフレ、見学クラブ……。これからも形や名前は変わるだろうけど、こういったお店は続いていくんじゃないかな。

ＪＫビジネスの店に警察がきて、そこで働く女の子も警察に連れて行かれるシーンが、ニュースでも流れてる。未成年の場合は、警察から出る時に保護者（＝親の場合が多い）に迎えにきてもらうため、親や学校等に連絡が行くこともあるみたいだよ。

「高額稼げるのは、リスクがあるからだ」って話もある。ネット上で写真付きでばらされ就職にひびいた。お店ではしていないことを要求された。指定場所に行ったら、その人以外に大勢いた。ストーカーにあった……。脅されることも考えられるよね。親に言えないとなおさら、困った時にも警察に行きづらくて、危険なことが起こっても、なかなか表面には上がってこないみたい。

ＪＫビジネスで働く人たちのなかには、お金に困ってる人もいるよね。ただ、いろんな状況があって、一人では戦いきれないこともある。そういった時のために生活保護や奨学金って制度があることを覚えておいてね。一人で抱えこまずに、今の状況を誰かに相談したら、何かいい案があるかもしれないよ！

Q 04
question

コンビニバイト、厳しい

「お前、挨拶《あいさつ》もできねぇのかよ！」って、店長に怒鳴られちゃった。「いらっしゃいませ」とか、これでも一生懸命言っているんだよ。でも、「声が小さくて笑顔がない」んだって。マニュアルどおりやってるのに、いつも怒られる。目をつけられてるって感じ。最近、自分がますます「使えないヤツ」なんだなって思うようになった。お客さんにもよく叱られるし。人も少ないし、お客さんのこととか発注とかクレーム対応とか、いっぺんに三つとか四つくらいのことを考えなくちゃいけない。……やめたいけど、生活かかってるしなぁ。毎日バイトだし、休憩もない。もうけっこう疲れてきちゃってるよ。

（高1・男子）

A
answer

コンビニのバイトって、いっぺんにたくさんのことを考えなくちゃいけないし、お客さんにも笑顔でなくちゃいけなくて大変。今の仕事が辛かったら、ほかの仕事を試してみるのも全然アリだと思う！　自分に合うのはどんなバイトなのか、せっかくだから試してみるのもいいと思う。案外、別のバイトだったら自信を持てるかもしれない。

うまい人のマネしてみよう。

店長も疲れてるかもね……。

バイト先に相談できる人はいるかなぁ。

コンビニバイトでも、場所によっては、お客さんがそんなに多くないところもあるよ。駅前のコンビニよりは、少し駅から離れたコンビニのほうが働きやすいんじゃないかな。もしかして、対人の仕事が向いてないのかも。チラシ配りの仕事だったら、コンビニよりもやることはシンプルだし、日によってメンバーが代わるから、苦手な上司と一緒にいなきゃいけない場面も少ないよ。

生活がかかってるって、どのくらいの比重でバイトしてるの？　生活費稼ぐために、学校やめないといけなくなったりする子もいるみたいだし。でも、高校生のアルバイトで稼げる金額にも限度があるよ。家の生計の立て方を見直したほうがいいかも。しかも休憩がないってことだけど、もしかしてブラックバイトってやつじゃない？　クレーム処理って、バイトの仕事じゃないんじゃないかな。アルバイトの範囲を超えた仕事を押しつけられているようだったら、自分ができないのが悪いどころの話じゃないよ。

コンビニバイトのなかで一つだけでも得意なこと、好きな仕事を見つけるのは、どうだろう？　常連のお客さんの顔を覚えてみるとか、店のどこに何の商品が置いてあるのかはすぐに言えるようになるとか。得意なことが見つかると、自信がついてくるし、気持ちも明るくなれるかもよ。

一口メモ

ブラックバイトって？

学生が学生らしい生活を送れなくなってしまうアルバイトで、シフトが選べない、休憩がない、発注やクレーム対応など正社員の仕事を押しつけられるとか、そういう状況が当てはまっていると思うんだ。掃除の時間が勤務時間に入ってない、ナゾの罰金や買い取りノルマがある、契約にない責任の重い業務を任される、そういうことも違法行為の可能性が高いんだって。そういった問題を解決するために、高校生アルバイトのための労働組合もあるんだ。相談して、お金が返ってきたりすることもあるから、困ったら相談してみるといいね。

ブラックバイトユニオン
ブラックバイトをしている学生からの相談を受けつけているよ！（秘密厳守）　相談の仕方がわからなくても、相談したいことがまとまっていなくても、話のなかでまとまっていくから大丈夫。未払い賃金のキャッシュバック（過去２年にさかのぼれる）について、直訴《じきそ》のコツなどをアドバイス！
03-3684-7245（毎日８時から 22 時）
info@blackarbeit-union.com
HP は〈http://blackbeit-union.com/〉

Q
05
question

友だちが下ネタ言ってくる

LINEのグループを男女八人くらいでつくってて、最初は学校が楽しくなったと思ったの。今から学校行くとか、昼休みどうする？ とか、そういうテキトーな話ができるから。だけど今、そのグループのなかですごい頻繁に下ネタ言う男がいて、自分は全然楽しくない。うちら女子の名前の後ろに、おっぱいって書いたりとか。やめてほしいよねって、女子で話してたの。したら、なぜか自分以外で新しいグループができてて、そこでは自分の悪口を言っているっぽい。いつもみたいな話もなくなって、また学校が楽しくなくなった。下ネタ、イヤだとか言わなければよかったかな。

（高2・女子）

A
answer

自分も別のグループつくっちゃえば？

LINEで下ネタとは斬新《ざんしん》だね……。しかも頻繁に。女子も下ネタ言うけど、ちょっと男子の下ネタとは違ったりするよね。まぁ、性別関係なくても、下ネタだって、ギャグセンスみたいなことで、人によるってことかな。でも、自分たちの名前も出てくるとなると、自分らをネタにした下ネタってことで、タチが悪い印象。年齢を重ねてもそんな感じで言っていたら、その男子のほうが友だちいなくなっちゃう。下ネタ言うんでも、みんなが笑えるような品のある下ネタを言ってもらえるとありがたいよね。

インターネットの使い方、大人になってもケンカの種になったり、詐欺《さぎ》にあったりするから、けっこう難しいよね。出会い系サイト（見知らぬ相手とネット上で知り合って、実際に会いに行くような）でもけっこうあって、会いに行こうとしたら、メッセージを送っている相手が会えないと言ってお金の振り込みを要求してきたり、実際に会いに行ったら複数の人に囲まれたり。自分に損にならないように、周りにイヤな思いをさせないように利用できたらいいね。

下ネタってさ、そもそも、かわし方が難しいよね。これからも毎日学校や会社で会ったりする人には「やめてください！」とかって、なかなか言いづらい。雰囲気が悪くならないように下ネタをかわすには、「笑い」が助けてくれることもあるよ。面と向かって下ネタふられたら、間髪《かんぱつ》いれずに「おっとー？　それって答えづらい話？」と大げさに言ってみたり、接近されすぎたら「距離、近い近ーい!!」とかオーバーリアクションしたり。周りにいる人もちょっと笑えるようにすると、気まずさは少しなくなるよ。周りに状況を理解してもらえれば、助け舟も出してもらえるしね。でも、そうやって笑いとったり、周りを助けたりすると、「こいつは下ネタ、いーんだ」みたいになっちゃうこともあるよね。その人たちとはずっと一緒にいるわけじゃないし、っていう割り切りも必要かも。さみしいけど。

イヤだと思う感覚のほうが一般的だと思う。職場の同期のグループではそんなこと言う人いないよ。

学校外にだって、もっと気が合いそうな人たちはたくさんいるよ。

Q
06
question

A
answer

彼氏が「写真、ネットにアップするぞ」って

ツイッターで知り合った自慢の彼氏は、たぶん高校生。バイトしてるらしくて、ブランドのバッグくれて、デートでもおごり。カラオケ行って、キスとかしてる写真撮って、二人で待ち受けにしたり。返信はいつも二分以内。愛されてるなって、今までは思ってた。でも最近、メールすぐに返信しないとマジギレされる。「今から、おまえんち乗りこむからな」「裏切ったら、ただじゃすまさないぞ」って言うから、トイレやお風呂にケータイ持ってってる。家族で食事しててもメールきて、お父さんが怒るから、時間ずらして食べてる。夜一〇時から二時ぐらいまではスカイプで睡眠不足。それで無理になってきて、私も一人の時間ほしいって彼氏に言ったら、待ち受けの写真をネットにアップするぞって言われた。どの写真だろ……ヤバイ‼

（中３・女子）

二人の写真をネットにアップするっていう返信、なんだか脅し文句みたい。最近、別れたことに腹を立てて、元カノ・元カレの写真をネットに公開するような嫌がらせ（リベンジポルノ）がニュースになってたよね。彼がしようとしていることも、嫌がらせに見える。あなたの今の状況について、家族とか、保健室の先生とか、身近な大人で相談できそうな人はいる？　リベンジポルノは法律で罰せられる犯罪だ

そいつ、ほんとに高校生？　あやしいよ！

乗りこむからなとか、コワ！　デートDVだよ！

いっつも二分以内に返信なんて、できるわけないじゃんね！

から、そういった脅し文句もダメなことなんだよね。もし、話のできそうな人がいなかったら、無料のデートDV電話相談や弁護士相談もあるので、検索してよさそうなとこにかけてみよう。

一人の時間がほしい、って言えたんだね。マジギレされるかもしれないのに、勇気がいることだよ。偉い。付き合っている人と時間の使い方が合わない時には、おたがいの考え方を伝え合うのも大切なことだなと、あらためて思ったよ。おたがいが好きでも、合わなくて一緒にいられなくなる人もいるし、おたがい譲り合って、一緒にいようとする人もいるよね。好きな人だから、お別れするのは残念だけど、いったん距離を置いて、今後この人と付き合っていくかどうか考える時間を持つのもいいかもね。

エッチな写真撮って送ってーとか、動画一緒に撮ろーとか求められても、その場のノリで撮ってしまわないほうがいいかも。ケータイのなかにそういう写真が入っているだけで、すぐにネットにアップができちゃう怖さがあるよね。二人がラブラブなことを表わすほかの手段を探そう！　何があるかな。ラブレターとか？　それも後から読み返すと、恥ずかしかったり恐ろしかったりするけどね……（笑）。

自分の写真を勝手に使われてしまうこともある。今、自分がネットにあげている写真も、誰かが見てスクリーンショットして使っているかもしれない。イン世界配信だよ！！！！！！！！

ターネットで自分の名前で検索したら、自分の写真が出てくるかもしれない。自分であげちゃってて、もう消せないかもしれない。自分の写真とか情報が自分の手の届かないところに行ってしまうんだよ。これからインターネットにアップする写真、もっと気にしてみてね。

一口メモ

リベンジポルノって

嫌がらせするやり方の一つで、フラれた腹いせに、相手が公開するつもりのないものを公開すること。Twitter とか Facebook みたいな SNS に、付き合っていた時に撮った裸の写真や、キスしている写真・動画などをばらまいたり、ばらまくぞと脅したりしてくるんだって。被害が男女関係なく増えています。一度ネットにあげられてしまうと消すことができないから、そのことで長い間苦しんでいる人もいます。「ヤリマン」とか「性病なんだって」とか言いふらしたりするのも誹謗《ひぼう》中傷でイヤなことだけど、画像や動画までつけられるなんて……。許せないよね。それは「私事性的画像記録の提供などによる被害の防止に関する法律」（リベンジポルノ対策法）で禁止されています。

Q 07 question

痴漢はウザイんだけど……

コンビニで買い物をしていたら突然、知らない人にからだをさわられました。その時は驚きすぎて、呆然《ぼうぜん》としているうちに、その人は外に出ていってしまいました。友だちも二年前ぐらいに、公園で知らない人にからだをなんかされたと言っていました。そのことは私にしか言っていないみたいで、もう二年前のことだし、と笑うような感じで怒っていました。犯人捕まえたところで、って話もあって。前、痴漢にあって犯人を警察に突き出した時は、親は呼び出しされるし、泣かれるし、学校を休まなければいけないし、そのあと先生はみんなの前で「大変だったわね」とか言ってくるし、友だちにも何があったのとか聞かれるし。自分にいいことが一個もなかった。だから今回のことも、友だちとおんなじように誰にも言わずにおこうと思う。（高1・微妙）

A answer

そんなことされたらとても驚くし、どうしていいかわかんなかったり、怖くなって、からだが固まって声も出なくなっちゃうよね。イヤな目にあって、そのあと周りまで混乱して。親もビックリしたんだろうね。でもさ、世の中そんな想定外のことがいくつも起こるわけよ。その時に気持ちの整理をするのは、とても大変なことだと思う。自分のせいで被害にあうわけじゃないし、なんで自分がこんな面倒な目

親も被害者相談センターとかで相談うけてみてもいいかもね。

にあわなければいけないのか、納得いかないよね。納得する必要もないんだけどね。

誰にも言わないのも一つの選択だと思う。ただ、その犯人はまたやるんだろうなと思う。もし自分に余裕ができたなら、被害届だけは出してみたらどうかな。警察に行く前に、ヤングテレホン（警察がやってる電話相談）とか、警察に直接電話して、「痴漢の被害届を出したいけど、親には言わないでほしい。事後遅くなったのは学校に行きたかったから」と説明し、どこでどうやって被害届を出したらいいか聞いてみる。ただ、証拠集めたりする関係で、被害届は早いほうがいいんだって。

痴漢にあった時、「自分にいいことが一個もなかった」って今そうやって言えるのは、もしかしたら、その時ちゃんと犯人を捕まえてたからかも。その時はちょっと大変だったかもしれないけど、「自分は悪くない」「犯人が悪い」ってちゃんと証明できたわけだもんね。それって自分の自信にもつながるよね。前回の経験もあるから、警察や親や先生にも、こういうことをしてほしい／してほしくないって言えるのかもね。怒りをためこむと、自分の気持ちが押しつぶされて、自分自身を傷つけちゃうこともあるよ。だから、ちゃんと通報することをオススメするよ。

PS 追伸

自分一人で考えるのも、友だちや家族たち、周りの大人に話すのもアリ。

「こんなこと話したって解決しない」と思ってたけど、自分の状況を言葉にして、気持ちが整理できたら、パワーが湧いてきた！

もっと知りたい人へ

ここまで、この本を読んでくれてありがとう。

本のなかに、自分や周りの人に当てはまるモヤモヤや、その解決のヒントが見つかったかな。

自分のモヤモヤには、どんなアンサーがあるんだろう
この本を書いたのとは別の人たちは、どう答えるだろう
今すぐどうにかしたいことがある
ぐちゃぐちゃだけど、とりあえず誰かに話してみたい

とか、もっと情報を知りたくなった人もいるんじゃないかな。

そんな時のために、あなたに力をくれるかもしれない場所を、この本ではいくつか紹介しているよ。困った時のお助けアイテムの一つとして使ってみて。相談機関に連絡すると、役立つ情報や、身近で助けになってくれる団体や専門家を紹介してもらえることもあるよ。

一人でも多く、みなさんを応援してくれる人に会えますように！

私は一人になった時に、たまに電話相談を利用するよー。

本当に電話がつながって「もしもし」と言われて、ビックリして切っちゃった。また今度かけようかな。

電話相談ってドキドキする？

「もしもし、あの、ちょっと……」

はじめて誰かに話す時、緊張するよね。せっかくだから、いつ、どこで、どんなふうに連絡するか、想像してみよう。

ゆっくり話せる場所はどこかな。自宅？　公園？　それとも、どこかを歩きながらのほうが誰にも聞かれないかな（あ、でも車には轢《ひ》かれないようにね！）

話したいこと、聞きたいことを忘れないように、事前に紙に書いておこうかな

最初、話題は何でもいいよね。深呼吸でもして、ゆっくりお茶でも飲みながら、自分のペースで話を切り出してみよう。

自分の無理のない範囲で話そう。最初から全部を話さなきゃいけないわけじゃないよ。信頼できる相手に当たるといいね。もし、電話に出た人が自分とは合わないな、もう話したくないな、と思ったら途中で切って、ほかの方法を探そう。電話を切る前に、ほかに連絡できるところがないか聞いておくのもアリだよね。

どうかな。想像できた？

最後に、本文には載っていない連絡先を載せておくよ。

それじゃ、また会う日まで！

☎ **チャイルドライン**

0120-99-7777（無料）
月曜から土曜日　午後４時から９時まで
※他にも全国各地にチャイルドラインの支部の相談電話があります。

チャイルドライン４つの約束

1．ヒミツはまもるよ
2．名前はいわなくていい
3．どんなことでも、一緒に考える
4．切りたいときには、切っていい

☎ **日本いのちの電話**

0120-738-556（無料）
毎月10日：午後８時から翌日午前８時まで

☎ **法務省 子どもの人権110番**

0120-007-110（無料）
平日午前８時30分から午後５時15分まで
ケータイサイトからメールで相談することもできます。
https://www.jinken.go.jp/soudan/mobile/001.html

☎ **児童相談所全国共通ダイヤル（24時間）**

189（無料）

☎ **東京弁護士会**
セクシュアル・マイノリティ
電話法律相談

03-3581-5515
毎月第２木曜日（祝祭日の場合は第３木曜日）
午後５時から７時まで
相談料無料

あとがき

なんと、ここから探検隊『思春期サバイバル』の第二巻を発行することができました！

これもひとえに第一巻を手にとっていただいた、そしてこの第二巻も手にしていただいているみなさまのおかげです。ありがとうございます。

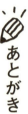

第一巻は、一〇代のおしゃべりをそのまま本にしたイメージです。一〇代のみなさんが、学校や家での日々の出来事や、好きな人のこと、自分自身のこと、将来展望について、「それよくわかる！」「そうだよね〜」と思いながら、「ここに書いてあるような疑問、不安って抱いていいんだな」と安心してくれたらいいな。「モヤモヤ」している時に、そばに置いてもらえたらいいな。そんな思いでつくりました。それに対して、「あのころに読みたかった」「今だからすごくよくわかる」といった一〇代を乗り越えた方々からの声も、たくさんいただきました。

そして、第二巻のポイントは、「モヤモヤ」とQ&A形式です。第一巻で読者のみなさんと共有した「モヤモヤ」に対して、どう対応したらいいんだろう、どう抗《あらが》ったらいいんだろう、どうやりすごしたらいいんだろう、といったことについて、ここから探検隊がこれまでの人生で積み重ねてきた経験と、知識と、ネットワークを総動員して「答えてみた」ものとなっています。つまり、第一巻の時よりも一歩前に進めるもの（進みたいと思えるもの）にしたいという思いがありました。

二つめのポイントは、今回もこの本の基盤である性の多様性を大切にして、さまざまな工夫をしたことです。質問者の性別は、とりあえず社会生活で規定される「男子」「女子」だけではなく、「どっちでもいい」「微妙」なども入れ、グラデーションをもたせました。Q＆Aは、私たちが一〇代だったころも、いま一〇代の若者たちと話をしている時も、必ず出てくる重要なキーワード、つまり、からだ、恋愛、学校・友だち、家族、進路・社会の五つにカテゴライズしました。そしてこのなかに、性の多様性に関する話題を散りばめました。これはたとえば、「セクシュアル・マイノリティ」というカテゴリーでエピソードをまとめて表現するよりも、いろいろな場面で出てくるほうが現実的で、自然だからです。

そして三つめのポイントは、ここから探検隊四人の分担執筆ではないということです。これは第一巻も同様です。一つの項目に、一つの文章に、四人の言葉と思いが交ざっています。そのほうが奥行きの深い言葉になると思ったからです。この作業はとても楽しかったのと同時に、とても大変でした。それぞれの一〇代を乗り越え、現在それぞれの生活を日々なんとか送っている四人が、そのなかで一つの大きなものを共につくりあげていくわけです。思うように進まないこともありました。時間もかかりました。エネルギーも使いました。それでも、はるか書房の小倉修さんの激励と的確なアドバイスに支えられながら、なんとかこの「あとがき」を書くところまでたどり着きました。この達成感はもしかしたら第一巻以上のものかもしれません。小倉さん、今回も根気強く伴走していただき、ありがとうございます。

それと同時に、第一巻以上のドキドキ感もあります。一〇代のみんなは私たちの「A（answer）」をどのように読んでくれるのだろう。第一巻からの期待に応えられているだろうか。そもそも、ここから探検隊にそんな期待がかけられているのだろうか、などなど。

そのドキドキをちょっと安心させてくれたのは、ここから探検隊メンバー金子由美子さんの保健室に集まる生徒さんたちでした。私たちの下書きを端《はし》から端まで読んで、たくさんのコメントをつけてくれました。まず、すべて読んでくれたというだけでも励まされるのに、鋭い意見や共感のコメントもいただけるなんて感激でした。実はみなさんの言葉も、この本のなかに散りばめられています。どうもありがとう。

また、認定NPO法人自立生活サポートセンター・もやい、元広告代理店勤務のO．T．Pさんをはじめ、数名の方々に、ご専門の立場からご意見、アドバイスをいただきました。心より感謝申し上げます。

第一巻に引き続き、第二巻でもステキなイラストを描いてくれた丸小野共生さんにもお礼申し上げます。ここから探検隊みんな、丸小野さんのイラストが大好きです。

この本に詰めこんだ私たちの〝人生〟が、一〇代のみなさんが伸び伸びと「モヤモヤ」できるお役に立てれば、これ以上うれしいことはありません。

ここから探検隊一同

二〇一六年一月

ここから探検隊
メンバープロフィール

●

遠藤まめた

会社員をしながら、LGBT の子ども・若者たちが安心して遊んだり話したりできる「にじーず」という団体の代表をしています。トランスジェンダー。最近の悩みは、メガネがよく壊れること。ペンギンと廃墟が好き。

●

金子由美子

長年、公立中学校の養護教諭をしていました。現在は、性教育の研究グループの代表、思春期を研究する学会の理事、若者自立支援ルームの所長などなど、相変わらず、思春期の子ども、若者たちに関わる活動を継続中。子どもや若者、保護者向けに、いろんな書籍も出しています。

●

武田明恵

元 10 代向けのフリースペースのスタッフ（契約職員）。生活基盤をしっかりしたいと大学の恩師に進路相談し、保護観察官に転職。高校までで勉強しなくてよくなると思っていたが、結果ずっと勉強していて、大学院生になる予定。好きな言葉は医食同源（笑）。

●

渡辺大輔

大学教員で、専門は教育学。性教育やジェンダー／セクシュアリティに関する教育の問題について研究したり、すべてのセクシュアリティの子どもたちが生きやすくなれるような授業を、中学校や高校の先生方と一緒に考えて創っています。たまに授業のなかでゲイであることをカミングアウト。研究室は性の多様性を表すレインボーカラーでいっぱいです。

制作者紹介

ここから探検隊（ここからたんけんたい）

●

遠藤まめた（えんどう　まめた）

金子由美子（かねこ　ゆみこ）

武田明恵（たけだ　あきえ）

渡辺大輔（わたなべ　だいすけ）

メンバープロフィールは右ページ参照。

●思春期サバイバル2（Q&A編）
10代のモヤモヤに答えてみた。

二〇一六年四月一〇日　第一版第一刷発行
二〇二三年八月一〇日　第一版第二刷発行

制作者　ここから探検隊
発行人　小倉　修
発行元　はるか書房
東京都千代田区神田三崎町二―一九―八　杉山ビル
TEL〇三―三二六四―六八九八
FAX〇三―三二六四―六九九二
発売元　星雲社（共同出版社・流通責任出版社）
東京都文京区水道一―三―三〇
TEL〇三―三八六八―三二七五
装幀者　丸小野共生
製　作　シナノ
定価はカバーに表示してあります
落丁・乱丁本はお取り替えいたします
ISBN978-4-434-21715-9　C0036